**スマホやネットが苦手でも
指導で迷わない！**

スマホ時代に対応する
生徒指導・教育相談

竹内和雄 著

ほんの森出版

はじめに

スマホの問題を差し置いて、指導を考えるのが難しい時代

　スマホやケータイ、ネットの問題を差し置いて、子どもたちへの指導・かかわりを考えるのが難しい時代になっています。日常のささいなトラブルから、いじめや不登校にまで関連してきます。ですから本書では、スマホ等に関連した事例や話題を紹介しながら、どう対応していくか、「指導・かかわりで迷わないためのポイント」をまとめていきます。

　ただ、そうはいっても、スマホに象徴される「流行」への対応だけで事が足りるほど教育の世界は甘いものではありません。また、「流行」への対応を支えている基盤は、昔から変わらない「不易」の部分です。「不易」の部分は、数学の公式のように明文化はなかなか難しいのですが、これまで私が経験したさまざまな事例を積み重ね、今まで考え続けてきた知恵のすべてを投入してポイントを整理しています。

　実は、私は「生徒指導・教育相談はそんなに難しくない」と思っています。難しくないどころか、「不易」の部分を常に意識しながらかかわっていけば、「ずいぶん簡単になる」「指導・かかわりで迷わない」と思っています。この本では、そのあたりの極意をまとめることができたらと考えています。

　私は、まったく力のない若い教師でした。本書では、そんな私が子どもたちに教えられて、少しずつ教師らしくなっていった軌跡も

包み隠さず書いています。
　私のような力のない教師でも、少しは子どものためになることができた。誰でも方向を間違わずに努力できたら、子どものためにいい先生になれる。少なくとも、今より少し、子どものためになれる。そんな思いで書きました。
　教師になりたての私のエピソードをちょっと紹介します。

「俺の背中を見て盗め！」

竹内「A先生、相談があります。生徒が授業を聞いてくれないんです。どうしたらいいですか？」
先輩「どアホ、聞いてどうする。俺の背中を見て盗め！」
　新任の私（22歳）と先輩（40代）の会話です。
　私は彼の背後に回りました。彼のシャツの背中の部分に、何か秘訣になるような言葉がプリントされていると勘違いしたのです。
　「アホか、おまえ」
　私は大まじめだったのですが、下手なジョークと勘違いされ、先輩に頭をはたかれ、ダメ出しのオンパレード。最もショックな言葉は「おまえは顔が悪い」です。「ニコニコしてるからなめられる」と言うのです。
　「おまえがなめられるから、まじめな子が授業を受けられない。おまえの責任だ」

次の日、意を決した私は……

　猛省した私は翌朝、歯磨きしながら鏡に向かい、怖い顔をする練習をしました。

「こら！」

「ごりゃあ！」

「じゃかあし〜」

授業で満を持して「ごりゃあ！」。

一瞬しーん。しかし、生徒たちはニヤッと笑ってまたざわざわ。

放課後、半泣きで先輩に相談したら、飲みに連れて行ってくれました。

「おまえは意気込みが弱い」

「しばくくらいの気迫を持て」

「しばく」は大阪弁で「叩く」とか「殴る」の意味。もちろん、体罰はダメなので、「それくらいの気持ちで」という意味だったのでしょうが、切羽詰まっていた私は、その夜、枕を殴る特訓をしました……。

次の日の授業、精一杯の声で「ごるぁあ〜」と叫び、教卓を思い切り叩きました。決死の思いでしたが、生徒を殴ることなどできません。さすがに鬼気迫るものを感じたのでしょう。生徒は水を打ったように静かになりました。一瞬の間を置いて、一番前に座った女の子が、

「かずおちゃん、どないしたん？」

「誰が、かずおちゃんじゃ、×▼■◎……」

言葉になりませんでした。不覚にも泣いてしまいました。そして、問わず語りに生徒に心情を吐露してしまいました。

A先生に相談。怒鳴る練習や殴る練習。うまくいかずどうしていいかわからない……。

生徒たちは「わかった。授業やり」。その後、しーんと聞いてくれました。

その後、どのクラスも静かに授業を受けてくれて、学校が天国に

思えました。夜も眠れず、家を出るとき靴を履く瞬間からずっと吐き気をもよおし……というのが嘘のようになくなりました。
「俺もやっと一人前になれた」と思いました。

「あかんわ、先生の授業、おもろないって！」

しかし、1週間くらいたって、女子生徒たちに「あかんわ、先生の授業、おもろないって！　もう限界」と詰め寄られました。どうしていいかわからなかった私は、授業で、生徒たちに自分の授業の何が悪いのか、聞いてみました。
「雑談はいらない、私は勉強がしたい」
「大阪弁が早口で聞きづらい」
「自分で質問して、自分で答えてる」
「教科書ガイドと同じ」
「塾の先生がヘンな板書だって言ってた」……
そうなんだ。彼らは何となく聞かないんじゃなくて、理由があって聞かなかったんだ。授業を聞かない生徒たちが問題なのではなく、生徒にとって意味のある、楽しい授業をできていない、自分自身が問題なのだとやっと理解できました。

やっとスタートラインに立ちました

とにかく、わかりやすい授業をやろう。教材研究を繰り返し、授業ごとにアンケートでダメ出しを求めました。最初はアンケートに無反応だった生徒も、続けていると書いてくれるようになりました。なかには「ましになってきた」とほめてくれる生徒も。
その後、授業がましになったのか、だんだんと授業が成立するよ

うになっていきました。

　こう書くとサクセスストーリーみたいですが、最近、同窓会で当時の生徒から衝撃の事実を聞かされてしまいました。

　「『かずおちゃん、一生懸命やから授業聞いてあげよう。騒いだらかわいそう』ってみんなで言ってたんやで」だそうです。

「不易」の部分を押さえた上で「流行」の部分に対応する

　現在、子どもたちのトラブルの多くは、LINE（ライン）という無料でメールや通話などができるサービスが発信源となっています。この「流行」も、何年か後には別のものに替わっているかもしれません。ポケベル・ピッチ・ケータイ・スマホ……。メール・チャット・ブログ・プロフ・Twitter（ツイッター）・LINE……。そんなふうに、子どもたちは常に新しいコミュニケーションツールを希求してきているのですから。

　「友達とつながりたい」という思春期・青年期の切なる願い、つまり「不易」の部分を押さえた上で「流行」の部分に対応していくと考えれば、LINEが別のものに置き換わっても恐るるに足らずです。そういう意味で、この本の寿命も「不易」でありたいと強く願っています。

　本書はプロローグ・流行編・不易編の３部構成になっています。まずはプロローグをお読みいただき、「流行」と「不易」がどのように相互補完するのかのイメージを持っていただけますと幸いです。

2014年４月

竹内　和雄

■ スマホやネットが苦手でも指導で迷わない！
スマホ時代に対応する生徒指導・教育相談　もくじ

はじめに … 3

プロローグ
生徒指導・教育相談の不易と流行　2つの事例から

1. ネットいじめに悩んだエリカさん
   まずは子どもと一緒に悩む … 12
2. ケータイ依存の真希さん
   友達の手前、言わざるを得ないこともある … 21

流行編
スマホ時代、どんな知識を得、どう対応するか

1. 「ネット上の彼氏の何がダメなの？」
   今どき女子の「常識」 … 28
2. LINEで「裸の写真、ばらまくぞ」
   スマホ・ネットでどんな被害が？ … 38
3. スマホについての座談会
   ネット依存、LINE漬け……スマホを手放せない若者たち … 50
4. 「このぬいぐるみ、かわいくない」
   小学6年生のLINEでのトラブルから … 60
5. これって犯罪？
   ネット上も法律で守られていることを教える … 67
6. 子どもたち自身に考えさせる
   大人たちの声は届かない … 72

不易編
スマホ時代でも変わらない、生徒指導・教育相談の極意

1 「毅然たる指導」の本当の意味は
「心の支援」が必要なことに気づくまで … 82

2 「わかる。わかるけど、あかん」
児童自立支援施設の寮長の言葉から … 91

3 ワルにはワルのプライドがある
まず「おまえのことが大事」と伝える … 102

4 なぜそうするか、子どもの立場で考える
立ち歩きを繰り返した誠君の言葉から … 106

5 「あこがれの先輩」を育てる
小中連携ピア・サポート … 112

6 「リスカしたら、お母さん驚く」
リストカットを繰り返した中3女子の言葉から … 116

7 授業の力が生徒指導のベースになる
一人TTの試行錯誤 … 123

8 選手コース？ それとも温泉コース？
生徒が自分で決める部活動 … 128

9 「コーヒー飲んで、ほっとした」
息子が万引きした中学生の保護者の声から … 134

おわりに … 142

イラスト　表紙：andante-Fotolia.com　本文：岡本愛子

プロローグ

生徒指導・教育相談の不易と流行　2つの事例から

不易流行（ふえきりゅうこう）
芭蕉が『おくのほそ道』の旅の間に体得したという蕉風俳諧の理念のひとつ。
「不易」は、世の中がどんなに変化しても変わらないもの、変えてはいけないもの。「流行」は、社会や状況の変化にしたがって変わっていくもの、変えていかなければいけないもの。そして、不易と流行とは根元において結合すべきであるという。

1 ネットいじめに悩んだエリカさん
まずは子どもと一緒に悩む

　　エリカさん（中2女子、仮名）は、ネット上のささいな行き違いがきっかけで、友達グループから弾き出されてしまいました。悲しくてしようがないエリカさんは、お母さんに相談しましたが、事態はどんどん悪くなっていきました。
　　まずは彼女の独白を聞いてみましょう。

　　中2の学年末テストの前に、LINE（ライン）のコチャ（個別チャットまたは個人チャットの略＝2人でチャット）で友達の友美（仮名）にテスト範囲を聞かれたことがありました。そのとき、ちょっとめんどくさくて、すぐに返事しなかったんです。よくいう「既読スルー」「既読ブッチ」。悪気はなかったんですが、ちょっとめんどくさくて、あとで返事しようと思ってました。
　　そんなとき、別の友達がTwitter（ツイッター）で、好きなアイドルのこと書き込んでたから見たりしてたら、友美の書き込み、完全に忘れてしまって……。
　　で、私、Twitterに、「あーひま〜、誰かからんでぇ〜」って書き込みました。すぐにいろんな子から返事があって、いろいろやりとりしてました。
　　2時間くらいして、友美のこと思い出して、テスト範囲のプリントを写真で撮って、LINEに載せました。すると友美は「他の人に教

えてもらったからもういい」と送ってきました。スタンプも押していません。
　「やばい」と思いました。すぐに「ごめん、友美、遅くなって困ったよね。ごめん！」と返事したんだけど、返事がぜんぜん来ない。何を書いても「既読」も付かない。よくわからないんですが、たぶん、友美、怒ったんだと思います。
　「私が『テスト範囲教えて』って頼んでるのに返さないで、Twitterで、『ひま〜』ってなに!?」って、きっと思ったんです。
　友美は、グループはもちろん、クラスでもリーダー格なので、とても焦りました。私と友美は、クラスの仲良しグループの友達と６人でグルチャ（グループチャット＝３人以上でのチャット）やってたので、そこに「テスト勉強、疲れるね？」と書いてみましたが、それに誰も返事してくれない。「既読」も付かない。
　「外されたんだ」
　すぐに気がつきました。
　怒った友美は、グループのみんなに私とからまないように言って、私以外の５人で新しくLINEのグループをつくったんだと思います。これ以上、いろいろ書くと逆効果だと思って、次の日、学校で謝ることにしました。

　翌日、謝ろうとしましたが、誰も目も合わせてくれない……。
　それからは地獄のような毎日でした。教室ではいつも一人。お弁当を食べるのも一人。悲しくてしようがない。友美たちの笑い声が聞こえてくるのがいちばん悲しかった。
　友美たちは、クラスのチャットにもよく来るので、そこで仲直りしようと何度もタイミング見て投稿したけど、ダメだった。私が書

くと、あと誰も話さなくなる。男子が気を遣って話してくれる。うれしくてやりとりしてたら、それはそれで気に触るみたいで、友美以外の子に、「あ～、エリカさんは女王様！」って書かれる。たぶん、友美が書かせたんだと思う。それからは事情を察した男子も話しかけてくれなくなった。

　それからは怖くてクラスのチャットにも書けなくなった。でも、気になってしようがない。友美が許してくれないか。友美じゃなくても、誰かが話しかけてくれないか。ほんと、寝てても、お風呂入ってても、変な話、トイレでも気になって……。どこにでもスマホ持って行って確認してた。

　私のスマホ、完全防水じゃないから、100円ショップでビニール袋買って、それに入れてお風呂にも持って入ってた。髪の毛洗いながらもときどき確認して……。

　もう、私には心が安まる時間なんて、24時間、どこにもなかった。もちろん、布団の中でもずっと見てた。何も書かないけど、ずっと見てた。塾でもときどき確認してたら、塾の先生にまで怒られるようになって……。

　お母さんは「暴走する」から言わないようにしてたけど、成績が急に落ちたから心配になったみたいで、学校の先生に勝手に相談しに行って……。そのあとはもう最悪。先生が犯人捜しだした。

　ある日突然、先生に生徒指導室に来るように言われて、行ったら友美たちがいて、先生が「エリカ、いじめられて悲しかっただろ？」と聞くから、「悲しかった。みんなとまた前みたいに仲良くしたい」と言っちゃった。

　すると先生、鬼の首でも取ったみたいに「ほら見ろ、友美！　エ

リカはいじめられてたと言ってるぞ！　謝れ！　いじめは卑劣で、人として絶対に許されない行為だ。私のクラスでそんなことが起こって先生は情けない。エリカに許してもらえるように謝れ！」。

　友美たち、顔色が変わって、「エリカ、ごめんなさい」ってみんな真剣な顔で謝ってくれる。私、これでまた前みたいに仲良くできると思ったんだ。

　先生が私に、「エリカ、気がすんだか？」と聞くから、「うん」と答えたら、「じゃ、みんな、握手しなさい」って全員と握手させられた。

　その日から、グルチャは復活したし、お弁当も一緒に食べるようになって、うれしかったんだけど、みんな、私の目を見てくれない。グルチャもぜんぜん盛り上がらない。

　一緒にいるけど、心は一緒じゃない。よけいつらかった。先生が怒るから一応、一緒にいてくれるだけ。私が話すとみんな一応、「そうね」とか「ホントね」とか言うけど、心がこもってない。悲しくて悲しくて、友美に「ごめんなさい」って言ったんだ。

　「ぜんぜん怒ってないよ。友達だもの」と言うだけ。これだったら、にらまれたりするほうがまし。

　私は学校に行けなくなりました。

指導・かかわりで迷わない！ためのポイント

1 ネットいじめに悩んだエリカさん

　いじめ等の被害者はなかなか教師に相談しません。「先生に言うとよけいややこしくなるから……」と口を揃えて言います。

　「先生は『暴走する』から相談しない」という生徒の声は、重くて深いです。ネットいじめの被害者のエリカさんの言葉には、私たちが学ぶべきことがたくさんあります。

> **迷わない！ポイント1**
> ## まず子どもの声を聞き、一緒に悩む

　エリカさんの担任や学年の先生に詳しく話を聞くと、「エリカがまったく相談してくれなかったから、対応が遅れてしまい、気づいたときには、どうしようもない状態になっていた」と、相談の遅れを悔やんでいました。

　エリカさんにそのあたりのことを聞くと、「相談しなかった」のではなく、「相談できなかった」のがよくわかります。

　「先生は話を聞いてくれないし、勝手に動かれると、かえってややこしくなっちゃう。『暴走する』もん。悩みを聞いてくれなくて、すぐに指導とかしちゃうから、相談なんてできるはずない」

　この事例でも、先生は、先生なりに一生懸命に指導しています。しかし、少なくともエリカさんから見ると、先生の動きは迷惑このうえありません。

勝手に友美さんを呼び出し指導。その指導があだになって、エリカさんにとってはよけいつらい結果になりました。表面的には仲良くするけれど、実際は針のむしろ状態。
　「先生には言わなければよかった」というのがエリカさんの本音でしょう。
　そうならないためには、まずは、何より先に被害者の思いを聞くことです。そして、被害者の思いに沿って、どうするかを決めていきます。加害者への指導や調査などは、すべてそのあとです。
　この確約がないと、子どもは相談してきません。以下の３つのポイントも含め、このあたりは、指導・かかわりの「不易」の部分だと思います。

迷わない！ポイント２
加害者指導は、被害者と相談しながら

　最も悲しいのは、被害者が「先生が勝手に指導しないか心配」と思って先生に相談できない状況です。被害者は、加害者からの仕返しがとにかく怖い。悩んだあげく、「先生に相談したらややこしくなる」となってしまいます。
　そうならないために、普段から、「すべての指導は、みんなと相談しながら進めます」と宣言しておくことです。
　エリカさんの言葉を借りると「暴走しない宣言」です。子どもと一緒にどうやっていくか相談しながら進めること。それが何より大事です。そういう保証があって、安心感があると、子どもたちは先生に相談してきます。

迷わない！ポイント③
子どもの嘘につきあってあげる

　子どもたちは、指導過程でよく嘘をつきます。つい先日、私の主宰する教師塾に通ってくる若い男性教員が、「子どもが嘘ばっかりつくので、指導できなくて困っています」と相談してきました。詳しく話を聞くと、次のような状況でした。

　その先生は、とても熱心な20代の先生。担任している智久君（小４男子、仮名）の母親から、「最近、服が汚れているし、教科書にも落書きされていて、心配してたらお風呂でからだ中にアザを見つけた。いじめじゃないか」と相談されたそうです。
　さっそく次の日、智久君を呼んで事情を聞いたそうです。智久君は、最初は「いじめなんてない」「知らん」を繰り返していたのですが、丁寧に聞くと「６年生にいつも暴力を振るわれる」。すぐに６年生の先生を呼び、「どんな子か？」「どこでやられる？」等、質問攻めにし、写真を見せて加害者特定を急ぎました。すると智久君は挙動不審になり、「やっぱり中学生」「通りがかりのおっちゃん」と、言うことがころころ変わったそうです。６年生の先生方に迷惑をかけたし、煮え切らない智久君の態度に最後は腹が立ったそうです。
　「『おまえのためを思って聞いてやってるのに、嘘ばっかりついたらどうしようもないやろ！』とどやしつけてやりました」

　この事例では、智久君は明らかにその先生を試しています。自分が何か話すと、先生はどう動くか。本当のことを話したら、

先生がどうするか。それが心配な智久君は、まず嘘をついて先生の出方を見た、というわけです。

智久君の結論は「この先生は、『いじめられた』と言ったら、『暴走する』→やった人を見つけ出して叱ろうとする→そんなことされたら、自分がもっとやられてしまう→だったら本当のことは言わないでおこう」。

こうして智久君は、先生に相談しないことに決めたのだと思います。

いじめのようなデリケートな人間関係に触る指導の基本は、まず「子ども自身がどうなりたいかを聞いてあげる」ことです。

「君がしてほしくないことは、絶対にしないよ」

「勝手に動かないから安心していいからね」

そんなふうに言って子どもを安心させる必要があります。それでも不安な子どもは、嘘をついたりして先生の出方を見ます。そんなとき教師は、「勝手に動かない」ことを身をもって証明するのです。

子どもにとって、いじめられるというのは重大事件です。そこにどれだけ丁寧にかかわっていけるか、嘘につきあってあげる度量があるか。まずは、私たち大人が彼らに試されていることを忘れないことです。

最も重要なのは、被害者の心の安定です。事件の全容解明や加害者への指導は、被害者が落ち着いてからで十分です。

迷わない！ポイント④

普段から指導方針を話しておく

普段から、指導方法について子どもたちに提示しておくこと

が大切です。いちばんいいのは、入学式や始業式等の最初の段階で、保護者と子どもに指導方針を話しておくことです。

　子どもたちには「つらいこと、悲しいことがあったら、相談においで」「どうしたら解決できるか、一緒に考えるから」と常々話しておきます。「暴走しない」という意思表示です。これは実は、子どもたちに信頼される、非常に重要な言葉かけです。

　保護者にも「いじめ等、心配なことがあったらいつでも相談してください」「学校と家庭が協力して解決しましょう」と常々話しておきます。「子どものために全力で取り組む」意思表示です。実際に相談があったら、できるだけ多くの教員でまず保護者の意向を聞き取り、その上で保護者を交えた対策チームを立ち上げます。

　「チーム対応」という言葉をよく聞き、それは非常に大切なことですが、そのチームに保護者を交えていないことが多いのは残念なことです。保護者は重要な情報源です。「どんな友達から電話があるか」「表情の変化はあるか」など、家庭での状況を知ることは、課題解決の糸口になることが多いからです。

　トラブルがあったら、学校では多くの教員がかかわって解決しようとします。クラス全体での聞き取りだけでなく、去年の担任、兄弟姉妹の担任、養護教諭等、関係する先生たちが全力でかかわります。その熱い会議に保護者が入って、一緒に考える機会があれば、保護者の安心感はとても高まります。

　事態がなかなか好転しなくても、「先生たちは一生懸命、子どものためにがんばってくれている」。そう感じられることが、子どもに伝わります。

　保護者と先生方が、自分のためにがんばってくれている。この安心感くらい心地よいものは、子どもにとってありません。

2 ケータイ依存の真希さん
友達の手前、言わざるを得ないこともある

「いやや、いやや！」 学校中に、中学３年生女子（真希さん、仮名）の泣き叫ぶ声が響き渡っていました。

真希さんは、母親に引きずられるように、職員室の私（当時、生徒指導主事）のところに連れてこられました。母親は鬼のような形相で「もう、我慢できへん。竹内先生に預かってもらう！」。手には携帯電話が握りしめられていました。

１１月のある日、真希さんは母親に連れられて職員室に来ました。
聞くと、母娘は進路懇談が終わったばかりで、担任の先生から「成績が急落しているから志望校は難しい」と言われたそうです。
「この子、ケータイばっかり触ってるから先生、取り上げて！」
「いやや、絶対いや！」
「この子、私が取り上げたら、泣きながら家中探しまわる。竹内先生に預けたら納得いくから、期末テストが終わるまで預かっといてください」
真希さんは隣で泣き叫んでいますが、母親は意に介さず、携帯電話を私に押しつけて帰って行きました。

それから期末テストが終わるまでは、私にとって悲しい日々でした。廊下ですれ違うたび、真希さんは私をにらみつけ、吐き捨てる

ように怒鳴ります。
「竹内、きしょい！」
「きしょい」は「うざい」に似た関西弁で、心の底から腹が立つときに使います。「気色悪い」を省略したものとも言われますが、中学生にとって最上級の嫌悪感が表現されたものです。
「きしょい」と言われるのは本当につらいのですが、母親に頼まれて預かっているのは事実ですし、真希さんを叱るのは大人げありません。でも暴言は見過ごすわけにはいかないので、「きしょい」と言われるたびに、「言葉を慎みなさい」等の言葉かけをしました。
ですから、期末テストが終わり携帯電話を返したとき、ホッとしたのを覚えています。ですが、話はこれで終わりではありません。

1月末、真希さんは一人で職員室にやってきてこう言いました。
「先生、ケータイ取り上げて！」
私は耳を疑いました。詳しく聞くと、2学期末テストの前は、携帯電話がなかったために勉強できて成績も上がった。だから1週間後の学年末テストが終わるまで預かってほしいと言うのです。
わからないでもないのですが、「きしょい」という罵声が頭に浮かび、どうしたものかと思案していると真希さんは、2つ条件があると言います。1つ目は「今度も、お母さんが無理やり預けたことにしてな」です。友達の手前もあるのでしょう。こちらはなるほど、と思いましたが、2つ目には驚きました。
「廊下で会ったら、『きしょい』言うけど許してな」
次の日から真希さんは、廊下ですれ違うたび、憎々しい顔をして「竹内、きしょい！」と怒鳴ります。しかし、そう言うたびに毎回こっそり振り返って、目で「ごめんね」と合図を送ってくれました。

指導・かかわりで迷わない！ためのポイント

②　ケータイ依存の真希さん

迷わない！ポイント①

本当は子どもたちも困っている

　ケータイ問題は切実です。特に近年、スマホが大流行してからはその影響力は私たち大人の想像以上です。

　LINEでのリアルタイムのやりとりは最初は楽しくて仕方ないのですが、それが毎日、ずっと続くと、さすがの彼らも疲れてきます。しかし、なかなかそれを言い出せずにいます。

　まずは、「本当は子どもたちも困っている」ということを押さえておくことが大切です。

迷わない！ポイント②

友達の手前、言わざるを得ないこともある

　真希さんが２回目に私にケータイを預けたあと、廊下ですれ違うたびに「きしょい！」と怒鳴っていましたが、真希さんの心の中はどんなふうだったでしょうか。読者の皆さんにとっては、言わずもがなかもしれませんが、この真希さんの気持ちを理解することが、子どもたちの置かれている立場を理解するのに役立つと思います。

　本当は、私は真希さんの恩人です。「竹内にケータイを預けさせられている」と公言することで、真希さんは家で勉強するた

めの時間を手に入れることができました。しかし、1回目に「きしょい！」と言い放っていたことを考えると、2回目も同じように「きしょい！」と言わざるを得ません。だから彼女は、みんなの手前、憎々しい表情で「きしょい！」と言い放っていました。このあたりは、子ども理解のまさに「不易」の部分だと思います。

迷わない！ポイント③
「子どもの常識」があることを知る

　　USJ（ユニバーサル・スタジオ・ジャパン）で危険行為・迷惑行為を自慢気にTwitterなどに投稿した大学生が逮捕されたり、コンビニの冷凍庫・冷蔵庫に寝そべった写真をアルバイトの若者がSNS（ソーシャル・ネットワーキング・サービス：LINE、Twitter、Facebookなど）に投稿して大きな騒ぎになったりする事件（いわゆるバイトテロ）が、連日、報道された時期がありました。大人の多くが「今どきの若者は常識がない」と嘆いています。

　確かに彼らの行動は決して許されない、言語道断なものばかりです。しかし、私は「常識がない」のとは、少し違うと考えています。

　LINEやTwitterには、驚くほど細かい「常識」があります。それから外れてしまうと、子どもたちは集団から疎外されてしまいます。ですから、子どもたちは常識がないのではなく、子どもたちなりの常識に従って日々生きているのです。子どもたちにないのは「大人の常識」です。

　子どもたちは、「大人の常識」に触れる機会が少なくなってい

ます。「大人の常識」に触れない代わりに、子どもたちは日々、スマホから大量の情報を得ます。それが「子どもの常識」になっているのです。

ネット上の情報は、時として偏りがあります。子どもたちがそんな偏った情報を鵜呑みにして常識を形成している状況は、非常に危険です。

迷わない！ポイント④
「大人の常識」を伝える

「大人の常識」を子どもに伝える際には、「『子どもの常識』を押さえた上で、このような『大人の常識』を伝えよう」という姿勢が必要です。

まず、本書の流行編を読んでいただいたり、子どもたちと話をし、「子どもの常識」を知る。その上で、子どもたちの常識と異なる部分を大人の責任としてしっかり伝える。そういう時間と場所が必要だと思います。

それは少し前までは、各家庭で行われてきました。

家族団らんや食事中、テレビがその中心にあり、ニュース番組を見ながら親がつぶやいた何げないコメントや、親子の会話の中で、自然に子どもに「大人の常識」が伝わっていったのです。また、新聞を読んだり、新聞を読んでいる親のつぶやきから、「大人はこういうことに対して、こんなふうに感じるんだ」と、子どもは自分なりの常識を形成していったのでしょう。

スマホを手に入れた子どもは、居間でテレビをあまり見なくなります。見たいテレビはスマホのワンセグで十分。見逃した番組は動画サイトで、となります。居間でテレビを見ていたと

しても、片手にはスマホ。テレビより友達とのLINEでのやりとりのほうに気持ちは集中しています。

このような感じでは、大人と一緒にテレビを見ながら、大人が何げなくつぶやくコメントを聞く機会も減ります。もちろん新聞も読みません（新聞をとっている家庭も減っているようですが）。

迷わない！ポイント⑤

２つの「話し合い」

「昔はよかった」と振り返っても仕方ありません。残念ながら、そのような家族団らんは、そう簡単には復活しないでしょう。

「親が勝手に持たせているスマホやケータイで起きてきた問題を、学校に背負わされてはたまらない」。こんな声も学校でよく耳にします。なるほどと納得できる言葉ですが、社会の中で、ここまでネットでのコミュニケーションの占める割合が大きくなってきている現状を考えると、そうとも言っていられません。学校の多忙さは重々承知していますが、学校と家庭、地域が協力してこの問題に取り組んでいかなければならないようです。

私は「子どもの常識」と「大人の常識」のギャップを埋める作業には、２つの「話し合い」が必要だと感じています。「大人と子どもとの話し合い」、そして「大人が見守る状態での、子ども同士の話し合い」です。そうした話し合いの際に、本書の流行編の「⑤これって犯罪？」「⑥子どもたち自身に考えさせる」で紹介した資料をお役立ていただければ幸いです。

流行編

スマホ時代、どんな知識を得、どう対応するか

1 「ネット上の彼氏の何がダメなの？」
今どき女子の「常識」

①面識のない人とメール等をしたことがある女子高生　**73%**

②ネット上で知り合った人と実際に会ったことがある女子高生　**60%**

　この数字は、2013年1月に筆者が大阪府で実施したスマホ調査のうち、女子高生248人の回答です。

　「面識のない人とメール等をしたことがある」と答えた女子高生が73%で、そのうち82%が「ネット上で知り合った人と実際に会ったことがある」と答えています。73%の82%ですから、約60%の女子高生が、ネット上で知り合った人と実際に会ったことがあるのです。

　いろいろな場所で同じような質問をしており、回答は若干異なります。例えば、2013年12月に兵庫県猪名川町で行った調査では、スマホを所持する女子高生のうち、「面識のない人とメール等をしたことがある」と答えたのは66%でした。

　この2つの調査だけでも7%の違いがありますので、断定的なとは言えませんが、私の調査を見る限り、面識がない人とメール等

でやりとりしたり、さらに実際に会うことに関して、女子高生の危機感がかなり低いと想像できます。
　そのあたりを高校生５人に聞いてみました。

－この結果を見てどう思う？

A子　もっと多いんじゃない？
B子　うん。
A子　だって、うちとD男だって、入学前にLINEしてた。
D男　合格発表のあと、Twitterで○○高校合格者集まれ～って。
C子　あ、うちもそこにいた。（笑）
A子　200人中150人くらいつながってた。
E男　最初はいろんなグループあったけど、だんだん１つに。（笑）

－ネットで知り合った人と、実際に会うのは抵抗ない？

A子　面識がないっていっても、同じ学校。
D男　友達の友達とか。
B子　まあ、中学の卒業アルバム見て顔確認とか。（笑）
E男　ああ、高１のとき、多かった。
A子　それでつきあったパターン、よくある。（笑）
C子　グルチャからコチャでよく話してって、つきあうパターン。

－知り合うのは友達の友達だけ？

B子　そうでもない。

A子　自称、20歳・会社員・男性と仲良くなったことある。
D男　ああ、いろいろあったな。
A子　20歳・会社員・男性、と言ってたのに会うことになったら……。
C子　写真交換？
A子　どう見てもおっさん。
一同　（爆笑）
A子　それで問い詰めたら「実は27歳…」って白状した。
D男　みんなでその写真見たら、おやじくらいのおっさん。
A子　40歳くらいやん！　ってなって、切った。
B子　そしたら、その人、私にも同じサイトで近づいてきた。
D男　みんなで見て、やめとけってなった。
B子　すぐ切った。（笑）

ーやっぱり、ネット上の出会いは危険だとわかった？

A子　注意しなきゃな、とは思ってる。
B子　うん、危険危険。
C子　まあ、注意してたら大丈夫。
A子　うん。
C子　でも、リアルよりLINEとかのほうがわかり合えるよね。
B子　うん、本音を言い合える。
A子　リアルでは、高校生は本音を話さない。
C子　うん、笑っててもお腹の中で何考えてるかわからない。
A子　でもLINEとかだと、お互いに話せるから安心。
C子　私も教室ではあまり話さないけど、LINEではバンバン。

D男　そうだよな。（笑）
C子　教室の出来事覚えておいて、夜LINEで解説〜。（笑）
A子　昼は夜のLINEのための話題集め〜。（笑）

－姫路市の女子高生に聞いた調査で、「ネット上に彼氏がいたことがある」って答えていた女子高生が５％いたんだけど、これについてはどう思う？

③ネット上に彼氏がいたことがある女子高生　　５％

A子　５％？　もっと多いんじゃない？
B子　うん、けっこういるよ。
D男　男はあんまりいないけど、聞いたことはある。
A子　リアルの彼氏はいないけど、ネットの彼氏はいるって子、いる。（笑）

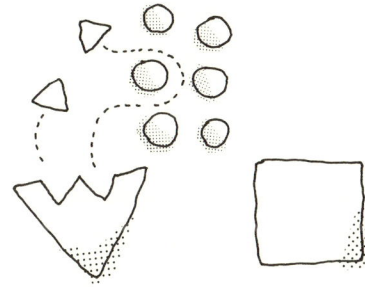

指導・かかわりで迷わない！ためのポイント

1 「ネット上の彼氏の何がダメなの？」

迷わない！ポイント 1

必需品となったスマホ

　私が勤務する大学の学部は200名定員ですが、入学前に160人近くがネットでつながっていたと聞きます。

　「入学前の不安な気持ちが新しい大学での仲間とネットで話すことで、かなり楽になった」と学生たちは好意的に話していました。逆に、そういうつながりに参加できなかった学生は、「スタートでつまずいた感じでつらかった」「大学生にとってスマホは必需品だと感じ、すぐに買い換えた」と話します。

迷わない！ポイント 2

ネット上での出会い方の変化

　LINEは、無料通話や２人のチャット（コチャ）だけでなく、グループチャット（グルチャ）ができ、子どもたちに人気です。最近は、そこで知り合いになることも多いようです。以下、簡単に説明します。

　グルチャには、招待機能があり、グループに属する人は、自由に自分の友達を「招待」することができます。招待された人は、参加の意思表明（実際は「参加」ボタンを押すだけ）するとグループの一員になれます。

例えば、高校の友達3人（F子、G子、H子）のグループがあるとします。F子が自分の中学校の友達I男を招待し、I男が参加の意思表明をすると、I男はG子やH子とも会話ができ、さらにG子やH子と2人でコチャで会話することも可能です。

　昔は、知らない人と知り合いになるのは非常に難しいことでした。特に男女の出会いは、街でいきなり声をかけたりする、いわゆるナンパが代表的な方法でした。ハイリスクな方法でしたが、今はこのように非常に簡単です。少し前までは「出会い系サイト」が社会問題になっていましたが、今ではSNS（ソーシャル・ネットワーキング・サービス：LINE、Twitter、Facebookなど）と呼ばれるコミュニティサイトでの出会いが問題視されています。

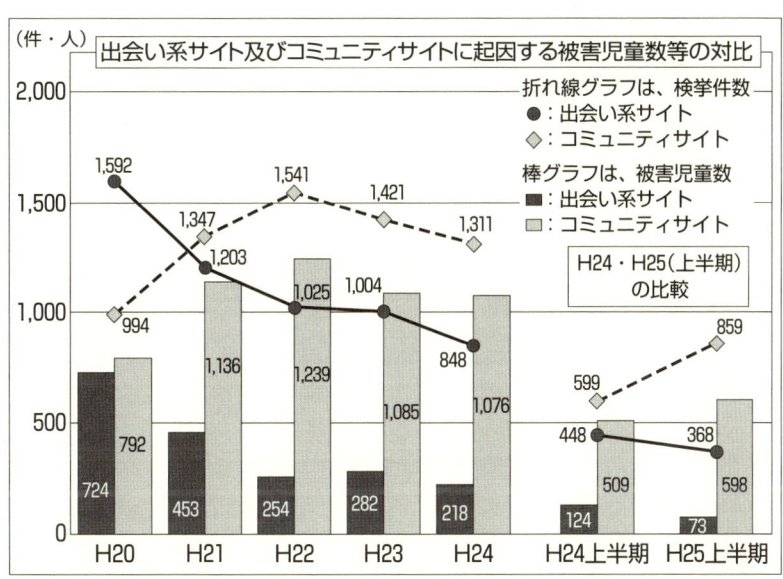

「平成25年上半期の出会い系サイト等に起因する事犯の現状と対策について」警察庁、2013年

警察庁発表のこのグラフからは、さまざまなことがわかります。

　多くの取り組みの成果が出て、出会い系サイトでの被害は年々下がってきています。入れ替わるように、一般のコミュニティサイト（SNS）での被害が平成20～22年にかけて急増しましたが、平成23、24年と減少しました。これも多くの取り組みの成果だと喜んでいたところ、平成25年の上半期、コミュニティサイトでの被害が前年同時期より急上昇していることがわかりました。

　警察庁広報資料（2013年9月）には、「コミュニティサイトに起因して犯罪被害に遭った児童数は、平成23年初めて減少に転じ、昨年も引き続き減少していたが、無料通話アプリのIDを交換する掲示板に起因する犯罪被害により、前年同期と比較して増加」とあります。

　LINE社もこの結果を重く受け止め、18歳未満のID検索をできなくする等の対策を講じています。この対応には課題がありますが、さらにLINE社の対応だけでは収まらない、さまざまな問題が山積しているように見えます。

迷わない！ポイント③　「スマホのことはよくわからないけど、スマホのことをよく知っている人を知っています」と伝える

　先ほどの高校生たちのあっけらかんとした話から、いろいろなことを学ばなければなりません。

　高校生たちの話を聞いていると、そのあまりの無防備さに怖くなってきます。私も教育に携わる者として、伝えたい言葉が山ほどあります。彼らに伝えるべき言葉を探してみました。

「ネットの男が本当のことを書くわけないだろう」
「からだ目当てだから、甘い嘘ばかり書くに決まってる」
「常識で考えたら、危険なことぐらいわかるだろう！」

　私たちがこういう言葉を口にした瞬間に、彼らは口を閉ざしてしまいます。それに、彼らの至らなさに呆れたり、叱りつけたりするだけで解決するほど、問題は簡単ではありません。
　私たちは善悪の判断を超えて、まず「今の子どもたちは、こういう認識を持っている」ということを受け入れなければならないと考えています。私たちの社会が結果として、彼らにこのような認識をさせてしまっているのかもしれません。
　私は、子どもたちと話すときには、できるだけ冷静に具体的な事実を伝えるようにしています。例えば、次のような事実を彼らに投げかけます。
　平成24年度だけで、コミュニティサイトや出会い系サイトで被害にあった未成年は約1300人いたこと。検挙件数は2000件を超えていること（ネットで検索することで、最新の数字を伝えることができます）。そしてその上で、実際に彼らの聞き覚えのある地名（できれば学校の近く）で実際に起こった哀しい実例の要点を話して聞かせるようにしています。
　冷静に事実を伝えることが重要です。

　実は、先ほどの高校生たちとの対話には続きがあります。

－僕は危険だと思うけど、どうかな？

A子　うん、確かに危険かもしれない。
C子　だますヤツ、けっこういてる。

D男　悪い人ばかりじゃないけど、そういう危険、あるなぁ。
A子　それわかっとかないとな。
C子　そんな危険、感じてない子、けっこう多いかも。
D男　「危険だぞ！」って伝えたいな。（笑）

－僕が「危険だぞ！」って言うのと、D男が「危険だぞ！」って言うのは違う感じ？

A子　そりゃ、同じ高校生に言われたほうが真剣に考える。
C子　ごめんやけど、大人の人に言われてもなぁ。
D男　でも、「危険だぞ！」って友達に言うと、反感買うかも。（笑）
A子　だよね、難しいね。
D男　うん、危険とか僕らからは言いにくい。

－というと、大人の話も必要？

A子　私ら、実際は怖さあまり知らないから、ホントは聞きたい。
D男　実は怖い。（笑）

－実は細かいことは、僕もあまりわかってない。

A子　うん、わかってる。（笑）
D男　わかってることだけ言ってくれたら、あとは考える。

　彼らが私たち大人に求めているのは、細かいスマホの技術や情報ではなく、「本当に困ったとき、どうしたらいいかを教えて

ほしい」のです。大人は知らないことを素直に認めて、知っていることを胸を張って伝えればいいのだと思います。
　「私はスマホのことはよくわかっていません。しかし、スマホのことをよく知っている人を知っています。だから相談してください」
　この姿勢を示すことで十分だと考えています（48ページ〜参照）。

迷わない！ポイント④
ネット上の彼氏、彼女

　いろいろな場所で中高生と話していると、自分の常識と食い違って混乱する場面が多くあります。特に「ネット上の彼氏、彼女」については、まったく理解できませんでした。悔しいので、「ネット上の彼氏」がいた経験のある女子高校生に、何度も話を聞きました。「ネット上の彼氏と、何をするの？」
　「先生、いやらしいなぁ。何考えてるの？」
　彼女たちの声を総合すると、ネット上の彼氏とは基本的には直接会わない。会わずに頻繁にメールやLINEでのチャットを繰り返す。特に重要な何かを話すわけではなく、いつでもつながっていることが大切……。
　四国で活動するカウンセラーから聞いた事例には驚きました。LINEの無料通話機能を使って、一日中、音声通話をしている女子中学生の事例です。会ったことのない男子高校生と、朝起きてから寝るまでずっとLINEで会話してるそうです。ご飯食べながら、通学しながら、ずっと話しているそうです。
　こういう事例が今後増えていきそうです。

2 LINEで「裸の写真、ばらまくぞ」
スマホ・ネットでどんな被害が？

　スマホの問題で被害者になってしまうのは、女子生徒が多いです。

　ケータイ（ガラケー）時代の出会い系サイト等の場合、女子生徒側にも出会いたい気持ちがあり、いわゆる「確信犯」的な場合が多かったのですが、最近は自分はまったくそんなつもりはないのに、気がついたら被害者、加害者になってしまっているケースが増えてきています。知らないうちに被害者、加害者になっているのです。

　ここでは、気がついたら被害者になってしまっていた中3女子の事例を紹介しましょう。個人を特定できないようにかなり修正しましたが、実際はここで紹介する以上に哀しいものでした。

　中2の冬に、アイドルグループが交流するサイトで「優子」と知り合いました。住んでる場所はだいぶ遠かったけど、年も同じだし、何より同じアイドルグループが好きで気が合ったので、ネット上で何度かやりとりしました。しばらくしてLINEのIDを交換し合って、LINEでやりとりするようになりました。

　最初はときどきだったけど、中3になって、私がクラスにうまく馴染めなくて、何となく寂しくて、優子とずっとLINEするようになりました。朝起きたら「おはよ」、朝ご飯食べる前に「今から朝ご飯」、学校帰ったらすぐに「今日学校でね……」とその日の様子を事

細かに話しました。
　クラスでは友達ができず、教室ではいつも一人だったので、家に帰って優子とLINEするのが唯一の楽しみ。食事中もお風呂でも、寝落ちするまでやってました。実は、学校にスマホを持って行って、トイレでLINEしてました。優子はいつでも私のグチとかもやさしく聞いてくれていました。

　そんな日々がずっと続いた夏休み、優子が「私、胸が小さくて悩んでるんだ」と相談してきました。いつも相談に乗ってもらっているので、力になりたいと思って、「私も小さいよ。気にしないでいいって」と送りました。
　しばらくすると優子が自分の胸の写真を送ってきました。
　「私も同じくらいだから大丈夫」と下着をつけたままの写真を送りました。優子が「下着を取って送ってよ」と言うので、迷いましたが、下着を外して送ってしまいました。
　しばらくして、優子から驚く言葉が返ってきました。
　「俺は男だ。この写真をばらまかれたくなかったら、下半身の写真を送れ」
　目の前が真っ暗になりました。どうしていいかわからなくて、言われるままにいろんな写真を送らされてしまいました。どんどんエスカレートしていって、実際に会うことを要求されました。驚いたことに「優子」はすぐ近くに住む24歳の男の人でした。
　怖くて怖くて、部屋でずっと泣いていました。お母さんが不審に思ったみたいで、「どうしたの？」と聞いてくれたので、思い切って相談しました。

それから、いろいろなことがありました。お母さんが、講演会か何かで聞いてきた、県警察のネットに詳しい人に電話していました。

　私は、「朝礼とかでいろいろ言われそうだから、学校の先生にだけは言わないで」と頼んだんですが、県警察の方が「学校に『優子』が来るかもしれないから」とお母さんと私と一緒に校長先生に話してくれました。県警察の方は女の人で、とてもやさしくて話しやすかったから安心しました。

　あとで聞いたのですが、「優子」は逮捕されたそうです。お母さんと相談して、スマホを買い換えて、フィルタリングもちゃんとかけています。

　LINEは二度としないと決めていたのですが、クラスで友達ができて、その子から誘われたので、お母さんにLINEをできるようにフィルタリングの設定を変えてもらって、LINEを再開しました。でも、もうこりごりなので、知らない人とはLINEは二度としません。

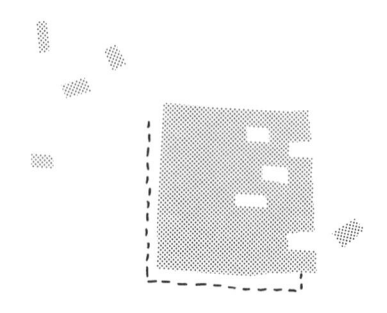

指導・かかわりで
迷わない！ためのポイント
2 LINEで「裸の写真、ばらまくぞ」

迷わない！ポイント①
加害男性は、最初はやさしく、いきなり豹変

　この種のトラブルについて調べていくと、たいていの加害男性が、最初は極めてやさしく対応することがわかります。

　加害男性の捜査にかかわった人から聞いた話では、「最初は徹底的に聞き役に」「悩みをひたすら聞いてあげる」「うん、わかるわかる、そりゃそうだよねと、とにかく共感的」だと言います。もちろん、彼らの多くは悩みを聞いてあげることが目的ではなく、女子生徒たちを性的な対象と見ている場合がほとんどです。「話を聞いてあげると、簡単についてくる」と、累犯を繰り返す者もいるそうです。腹立たしい限りです。

　「やさしくしておいて、いきなり豹変する」というのが通常のパターンであることを子どもたちには伝える必要があると考えています。

迷わない！ポイント②
被害女子生徒は
「命がけで出会い系に逃げている」

　一方、被害にあった女子生徒たちは、「やさしかった」「悩みを聞いてくれた」と感謝していて、被害感情を持っていない場合が多く、なかには恋愛感情さえ持たされている場合も少なく

ありません。

　しかし、よくよく聞いてみると、「本当に話を聞いてほしいのはお母さん、先生、友達……」。

　出会い系サイト等で被害にあった女子生徒たちは、ある種「確信犯」的なところがあるのですが、彼女たちのケアを長くしている方の、次の言葉が印象的でした。

　「彼女たちは危険なことくらいわかっている。誰も自分の言うことを親身になって聞いてくれないから、命がけで出会い系に逃げているんです」

　私たち大人は、重く受け止めなければならないと思います。

迷わない！ポイント③

LINE、18歳未満のID検索制限の抜け道

　この種のトラブルは一般的なサイトで知り合って、LINE等の個別に話せるところに誘導されて起こる場合が多いようです。少し前まではLINEのIDを聞き出して、そこで話していました。LINEのIDとは、LINEに登録すると個人が持つ電話番号のようなもので、IDを検索するとすぐに「友達」として登録できます。

　それが2013年、18歳未満のID検索制限がかけられました。そのため、18歳未満と成人男性との不適切な出会いに制限がかかりました。

　ところが、抜け道が2つあるのです。

　1つは、LINEのように検索の年齢制限のない「カカオトーク」というアプリへの誘導で、もう1つはQRコードを使った友達認証です。

カカオトークのユーザーは徐々に増えてきています。子どもたちによると「LINEとよく似たアプリ」だと言います。

QRコードとは、「見本」のようなもので、これを読み取るとIDがわかる仕組みになっています。ID検索ができなくなって困っている子どもたちは、自分のQRコードを写真に撮って、送り合います。

以前は、LINE-ID掲示板が話題になりました。これはLINE社のサービスとは無関係で、LINEのIDとともに友達募集のコメントが載っているサイトがたくさんあります。18歳未満のID検索が制限されてからは、この掲示板にはQRコードが貼り付けられています。こうなると、実態として検索制限の意味がなくなります。

また、最近、iPod-touchやウォークマンなどの音楽プレーヤーでLINEをしている子どもたちが出てきています。これらの機器は、Wi-Fi（パソコン用無線LAN）を使えばスマホと同じようにLINEができます。そして、これらの機器を使うと年齢制限をすり抜けることも可能です。

LINE社のしていることの不備をあげて、糾弾するためにこんなことを書いているわけではありません。ID検索制限自体は一定の効果があり、歓迎すべきだと思いますが、機器での制限だけでは根本的な解決策にならない典型例として紹介しました。ただ、これだけ普及し、青少年に影響を与えているわけですから、LINE社の社会的な責任は大きいと考えています。

そして、子どもたちにかかわる大人は、このような事実を把握し、対策を考えていく必要があるのではないでしょうか。

迷わない！ポイント④

「相談できる」環境を

　事例の女子生徒は、最後の最後に母親に相談できたので、加害男性と会わずにすみました。しかし、多くの哀しい事件の場合、誰にも相談することができずに加害男性に会ってしまっているようです。

　私たち教育関係者が直視しなければならない調査結果があります。私が2013年10月、大阪府の小中学生672人に「ケータイやスマホで困ったとき、誰に相談しますか」と質問し、選択肢として、先生・警察・親・友達を示しました。

　結果は下の表のとおりです。ケータイ（ガラケー）、スマホ両方とも、教師は最下位で、警察官より低かったのです。

ネットで困ったら誰に相談？		
先生？　警察？　親？　友達？		
	スマホ	ガラケー
第1位	友達	親
第2位	親	友達
第3位	警察	警察
第4位	先生	先生

　そして驚いたのは、相談したい相手として、ガラケー所持者の第1位が親なのに対して、スマホ所持者の第1位は友達であることです。つまり、「スマホ所持者は困っても、なかなか大人には相談しない」ということです。

　中学生にこの結果を示して感想を聞くと
「どうせ、お母さんも先生もスマホのこと知らないから」
「相談したら、『やっぱりスマホは怖い』と取り上げられそう」
「聞いたら暴走するだけ（笑）」という答えが返ってきました。
「暴走」の意味は、「大人はスマホが危ないと思ってるから、

ちょっと相談したら大騒ぎされる」「友達が先生に相談したら、すぐに学年集会された」等、大人の過剰な反応を指しています。

　私たち大人は、①何かあったら相談に乗る、②自分は知らないけれど「知っている人を知っている」ことを伝える、③どう対処するか、子どもに相談しながら進める（暴走しない）、の3つを、常々、子どもたちに話しておく必要があると思います。

　それにしても、事例の女子生徒は、これほどまでに怖い思いをしたのにもかかわらずスマホ使用をやめず、しかもLINEも再開しています。まさにスマホは、子どもたちにとってそれだけ必須アイテムになってしまっているのでしょう。

迷わない！ポイント⑤

リベンジ（復讐）ポルノの恐ろしさ

　事例の女子生徒は「この写真をばらまかれたくなかったら、下半身の写真を送れ」と脅されていますが、いったんネット上にばらまかれた写真は、回収したり拡散を防ぐのは困難です。この仕組みを悪用して、交際相手にふられたりしたときに、相手のわいせつ写真をネット上に流出させるのが「リベンジ（復讐）ポルノ」と言われるものです。

　被害者の多くは10代の子どもたちです。「嫌われたくない」という気持ちから、「自画撮り」した裸の写真を交際相手に送ってしまうのです。キスや性行為の写真を「2人だけの秘密の共有」という名目でスマホの中に入れておく子もいます。別れを持ち出されたときに、「おまえの裸の写真は、いつだってばらまけるんだぞ」と脅させることが起こってきます。

　子どもたちに「ネット上に流出した写真は、一生、消えない。

裸の写真などを送ったり、撮らせたりするのは、とても危険な行為なんだ」ということをしっかり伝えることが大切です。そして、このような「流行」を押さえた上で、「自分がいやだと感じたことは、感じよく（アサーティブに）断ることができる力」をつける教育を、地道に展開していきたいものです。

迷わない！ポイント⑥
LINEで個人情報が流出しない設定方法

　LINEは、個人情報が勝手に流出してしまう危険がよく指摘されますが、初期設定で気をつけておけばたいていの場合大丈夫です。

　LINEのアプリを起動し、「その他」→「設定」→「友だち」と進むと以下の画面になります。ここの3つのチェックを外すと、外へデータが行かなくなります。

←チェックをすると、アドレス帳データがLINE社へ送られ、アドレス帳の人たちが自動で友だちリストに追加されます。

←チェックをすると、自分の電話番号を持っている他の人の友だちリストに、自動で追加されます。

←チェックすると、他の人がID検索できるようになります。

　「その他」→「設定」→「プライバシー管理」と進むと、以下の画面になります。

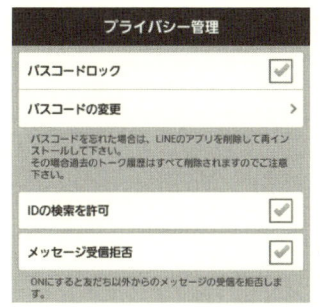

←チェックすると、友だちリストにない人からのメッセージが届かなくなる

迷わない！ポイント7　フィルタリングのカスタマイズ

　フィルタリングを設定しておくと、違法・有害サイトにアクセスできないだけでなく、間違って危険なサイトにアクセスしてしまわないので安心です。

　ケータイの場合はフィルタリングは簡単だったのですが、スマホの場合、Wi-Fiも使えるので少し複雑です。窓口でスマホ用のフィルタリングの設定を申し込む必要があります。

　最近、急激にフィルタリングの設定率が下がっています。子どもたちがフィルタリングの設定をいやがるからです。その理由として子どもたちの多くは、「フィルタリングを設定するとLINEができなくなるから」と話します。LINE社にフィルタリングを設定されてもアクセスできるような安全対策を求める声が高まっているゆえんです。

　フィルタリングを設定しないことで、子どもたちはLINEにアクセスできることと同時に、悪意を持つ大人と接触する危険を引き受けることになるのです。

　一部の学校では、「カスタマイズ」を推奨することが多いよう

です。カスタマイズとは、制限するサイトを個別に設定することで、LINE等を例外的にアクセス可能にしたりできます。子どもと十分話し合った上で、カスタマイズ機能を用いることも一考でしょう。

迷わない！ ポイント⑧
相談窓口――「知っている人」を知っている

　以下、代表的な相談窓口を書いておきます。先ほどもふれましたが、自分は知らないけれど「知っている人を知っている」という態度を子どもたちは信頼してくれます。

　なお、いろいろ変更の多い世界ですので、普段から確認し、情報を更新しておく必要があります。また、特に都道府県警察のサイバー犯罪担当と密に情報交換しておくと、もしものときに頼りになります。

警察関係
　都道府県警察本部のサイバー犯罪相談窓口等一覧（http://www.npa.go.jp/cyber/soudan.htm）
　各都道府県にはサイバー犯罪を専門に扱う部署があります。
　全国共通「#9110」にダイヤルすると、近くの警察本部の相談センターにつながります。

消費生活センター（国民生活センター）
　お金にまつわる相談は、消費生活センターが詳しいです。
　消費者ホットライン　全国共通「0570-064-370」

法務省インターネット人権相談受付窓口
　http://www.moj.go.jp/JINKEN/jinken113.html

相談フォームに必要事項を記入して送信すると、後日、最寄りの法務局からメール、電話または面談により回答してくれます。
＊子ども用の「ＳＯＳ-ｅメール」もあります。

違法・有害情報相談センター

https://www.ihaho.jp/confirm/confirm.html
違法・有害情報に対する削除等の対応方法を案内してくれます。

インターネット・ホットラインセンター

http://www.internethotline.jp/index.html
違法サイトや有害サイトを通報すると、警察への情報提供や削除依頼等の送信防止措置等の対応を行ってくれます。

迷惑メール相談センター・(財)日本データ通信協会

http://www.dekyo.or.jp/soudan/
迷惑メールの相談や情報提供を行ってくれます。

チェーンメールの捨て場

パソコンアドレス	ケータイアドレス
sun@dekyo.or.jp	risu1@ezweb.ne.jp
mercury@dekyo.or.jp	risu2@ezweb.ne.jp
venus@dekyo.or.jp	risu3@ezweb.ne.jp
earth@dekyo.or.jp	dakef1@docomo.ne.jp
moon@dekyo.or.jp	dakef2@docomo.ne.jp
mars@dekyo.or.jp	dakef3@docomo.ne.jp
jupiter@dekyo.or.jp	dakef4@docomo.ne.jp
saturn@dekyo.or.jp	dakef5@docomo.ne.jp
uranus@dekyo.or.jp	kuris1@t.vodafone.ne.jp
neptune@dekyo.or.jp	kuris2@t.vodafone.ne.jp

（財）日本データ通信協会

③ スマホについての座談会

ネット依存、LINE漬け……
スマホを手放せない若者たち

　ネット依存、LINE漬け……。マスコミでは連日、スマホを手放せない若者の話題であふれています。
　ここでは、高校生5人に、スマホやLINEなどについて、赤裸々に語ってもらいました。

　—スマホ依存とかよく言われるけど、どんな感じ？

J子　実際、一日中触ってるかな。
K子　寝るまでずっとLINE。
L子　うん、週の半分くらい寝落ちかな。（笑）
J子　スマホ握ったまま寝ちゃう。
M男　朝起きたら、そのまま会話に参加する。（笑）
J子　毎晩、6人のグルチャやってるけど、誰か起きてるから。
K子　高1の最初の頃、クラス30人でやってたときはすごかった。
N男　目立たないと存在感なくなるしな。
J子　関係ある話題にはとにかく書き込む！

　—布団に入ってから始めるの？

J子　基本一日中、ずっと。

K子　テレビ見てるときも感想言い合ったり……。

　―疲れたり、めんどくさくなったり、しない？

L子　そりゃ、時にはのんびりしたいなって。（笑）
K子　なかなか抜けられない。
J子　「既読」付いたら返事しなきゃって思うよね。
M男　コチャならすぐ返事しなきゃな。
J子　うん、すぐ。

　―昔は３分ルールって言われてたけど。

一同　３分！
L子　うらやましい！
J子　「既読」付いて３分も返事しないと友達なくす。
K子　今は、２秒よね。とりあえずスタンプ（LINEでは大きな絵文字のような画像が提供されており、文字は打たずにスタンプのみ送信するということが行われている）とか。（笑）
L子　４月とかみんながんばるよね、印象づけ！
J子　クラスでおとなしいのに、LINEで元気な子、いない？
K子　いるいる！
L子　別人格って感じ。
J子　リアルの生活ではじっと見てて、夜のLINEで発散。（笑）
K子　LINEのためのリアル。（笑）
N男　誰がいつ何したってやたら覚えてる。
J子　そうそう、そういう子、存在感大きいよね。

―どれくらいがLINEに参加してる？

J子　クラス替えしたばかりは、ほとんどの子がやってた。
K子　それがだんだん分かれていった。
N男　最初はやっとかないと話題についていけない。
L子　私、最初ガラケーだったから、話題についていけなかった。
M男　俺も。かなりつらかった。
L子　お母さんに泣いて頼んで買ってもらった。
K子　スマホがないといじめられるって？（笑）
M男　友達は「家出する」って脅したらしい。
J子　私の友達、「スマホのほうが通話無料だから安上がり」って。
K子　そうそれ、効き目ある。

　―みんなLINEなのかな？

N男　男子はゲームも。
M男　パズドラ。
N男　パズドラ廃人続出。（笑）
M男　一晩中、やってるヤツもいるもんな。
N男　俺、その一人。
J子　女の子もゲームする子、多いよ。
K子　うちは、LINEPOP。

　―課金はするの？

N男　僕はちょっと……だいぶ。（笑）

M男　課金しなくてもできるけど、やってたら課金したくなる。
N男　そうそう！　コンビニでカード売ってる。
M男　目立つ場所。（笑）

　―みんなかなりやってるけど、親に怒られないの？

J子　部屋でやってるから知らない。（笑）
N男　知ったら怒る！（笑）
J子　最初はテスト前に勉強教えてもらってた。
L子　うん、ノートとかすぐに送ってもらえて便利。
J子　でも、結局、無駄に話しちゃうよね？
N男　そう。無駄話の合間にちょっと勉強。（笑）
K子　テスト前とか、親うるさい。
L子　私はスマホ取り上げられた。
J子　テスト前は取り上げられたい、かも。
K子　なんで？
J子　LINEばっかで勉強やる時間なくて、成績下がった。
K子　お母さんうるさいから、テスト前はLINE禁止って子多い。

　―みんなで話し合わないの？

J子　言いにくい。LINEするのいやなの？…ってなる。
K子　わかる、気まずくなりそう。
M男　でもやっぱ、なんかルールつくったほうがいいかも。
N男　でも言い出しにくいよな。

指導・かかわりで迷わない！ためのポイント

③ スマホについての座談会

迷わない！ポイント①

LINEの基本用語を知っておこう

①グルチャとコチャ

　グルチャはグループチャットの省略形で、3人以上が同時にやりとり（チャット）します。コチャは個別チャットまたは個人チャットの略で、2人でのやりとり（チャット）を指します。

グルチャ　　　　　　　　コチャ

②寝落ち

　LINE等をしながら寝てしまうこと。
　多くの中高生が「寝落ち」しています。「最初はお母さんとの約束で夜中は禁止だったけど、目覚まし時計代わりに許してもらった」という子が多いようです。「テスト前、LINEで勉強教

えてもらう」と言ってスマホを自室に持ち込んで、そこからずるずるというパターンです。

　つまり、スマホ購入当初は保護者もルールをつくるのですが、なしくずしにルールがなくなる家庭が多いようです。

　③既読

　LINEでは、自分の書き込みが読まれると、書き込みの横に「既読」と表示されます（既読した人数も表示されます）。

　この機能は便利そうですが、実は困っている子どもも多いのが現状です。「既読が付いたらすぐに返信しなきゃ！」という思いが強迫観念のようにのしかかると言います。既読が付いたのに返信がないことを「既読スルー」略して「ＫＳ」（「ＫＴ」でないところが英語教師からすると残念）、「既読ブッチ」などと呼びます。

　ガラケーの頃、「メールがきたら３分以内に返信をしなきゃいけない」という「３分ルール」が子どもたちを縛っている、とよく言われていました。真偽のほどはさておき、それを聞いた大人は「子どもたちはすごいストレスだろう」と眉をひそめていました。しかし座談会でも話題になったとおり、今の子どもたちは「既読が付いたら２秒で返信」と答えます。なぜ２秒か聞いてみると、「スタンプを押すのが２秒だから」と笑います。厳密には２秒は不可能でしょうが、それくらいの意識で返信を心がけているという意味でしょう。

迷わない！ポイント②

クラスのグループが帰宅後もLINEで壮絶に継続

　始業式から１週間ほどで、クラスにグループができ始め、子

どもたちはどのグループに入るか迷いながら決めていきます。

「あのグループに自分が入ると奇数になってややこしい」

「あのグループには○○がいるけど、△△が天敵」

「××は、部活が一緒だから、ずっと一緒は疲れる」

いろんな思惑が駆け巡り、教室には緊張感が漂い、時には異様な雰囲気に包まれます。これは今に始まったことではなく、昔から同じような光景がありました。4月の取り組みが重要な由来です。

しかし大きく変わったのは、そんな緊張感が帰宅後もLINE上で継続するということです。子どもたちからは、「始業式から1週間くらいのLINEが壮絶」とよく聞きます。「新しいクラスのグルチャのトーク数がすぐに1000を超えた」などというような強烈なエピソードも聞かれます。教員としては、教員の目がまったく届かない時間帯に、子どもたちが壮絶な情報のやりとりをしていることを心にとめておくことが必要でしょう。

また、「スマホが欲しくて家出」というのは、冗談ではなく実際に聞く話です。LINEができないことは、子どもたちにとって非常にリスクが高いということを示しています。

最近は小学生でもLINEでクラスのグルチャをやっている子どもたちが増えてきました。低年齢化の波は、とどまるところを知らないようです。

迷わない！ポイント ③ 「つながり依存」と「デバイス依存」を分けて理解する

子どもたちの間で、パズドラ（正式には「パズル＆ドラゴンズ」）というアプリゲームが大流行しています。どちらかという

と男子生徒が夢中になる場合が多く、昼夜逆転するほど、のめり込む場合もあります。

　LINE等でのやりとりが長時間になり、日常生活に支障をきたす場合がありますが、これはスマホに依存しているというより、やりとりする相手との関係を極端に気にすることが原因である場合が多いようです。そのため「つながり依存」と言われたりします。それに対して、パズドラ等のゲームを長時間やってしまうのは、ゲームそのものに依存しており、「デバイス依存」と呼ばれます。

　「つながり依存」と「デバイス依存」は、同じようにスマホを使い続けるので見た目は似ていますが、その子の内面で起こっていることはかなり異なります。「スマホ依存」とひとくくりにしないで、「つながり依存」なのか「デバイス依存」なのかを理解することで、指導の糸口が見つかることがあります。

迷わない！ポイント④　「課金」問題の新しい流れ

　最近、低年齢での「課金（ケータイやスマホ等でゲームやスタンプにお金を使うこと）」のトラブルが多発しています。

　以前は、課金はクレジットカードを登録する必要が多かったので、一定の歯止めがかかっていました。クレジットカードを持てない子どもたちには、課金は不可能だったからです。

　それが状況が変化しています。コンビニエンスストアの目立つ位置に、アプリ用のプリペイドカードが置かれるようになりました。カード裏面のコードを入力すると、その金額がチャージされ、お金として使用できるようになります。

LINE公式ブログには、「クレジットカードを持っていない人や電子マネーの利用登録などをしていない人でも、LINE プリペイドカードをコンビニエンスストアで購入すれば、すぐに誰でも有料スタンプなどが購入できます」とあります。

　子どもたちにとって、課金がかなり簡単になってきています。以前は、親のクレジットカードを勝手に使ったり、親のスマホを勝手に使ったりすることで、子どもの課金問題は起こっていましたが、これからは子どもがコンビニでカードを購入することがスタートになっていくと考えています。

迷わない！ポイント⑤

きっかけは「テスト勉強」と「目覚まし代わり」

　先ほどの「寝落ち」のところでもふれましたが、最初は、多くの家庭で、子どもが自室にスマホを持ち込むことを禁止しています。それがだんだんと持ち込むようになる発端は、2つのパターンがあるようです。

　1つ目は、テスト勉強。「みんなでLINEで教え合いながら勉強するから」と親を説得して、部屋に持ち込むことに成功するパターン。もう1つは、スマホはいろいろ便利な機能があり、

「スマホだと朝起きやすい」と目覚まし時計代わりに部屋に持ち込むパターンです。ここから夜中ずっとスマホをいじる生活が始まってしまいます。

保護者対象に話すときには、「性能のいい目覚まし時計を買ってあげると、自室への持ち込みを防げる例もあります」と伝えるといいと思います。

迷わない！ポイント⑥
子どもたちと一緒に使い方のルールを考える

座談会での会話からもわかるように、LINEでみんなで勉強することは、あまりうまくいかないとわかっています。
「結局、無駄に話しちゃう」
「無駄話の合間にちょっと勉強」
しかし、多くの子どもは、その利便性を強調します。
「テスト前に勉強教えてもらった」
「ノートとかすぐに送ってもらえて便利」
私もゼミ生との連絡にLINEを活用しています。しかし、活用し始めた頃には、いろいろ失敗がありました。間違って夜遅くに送信してしまったり、軽い気持ちで学生を注意したつもりが、学生が深刻に受け止めてしまったり。そこで、夜のLINEを禁止し、送信前に２回読み直すことを自分なりのルールにしました。それからはトラブルなく使えるようになりました。

大切なのは使い方です。ルールをしっかり決めて使えば、便利に活用できます。私たちの社会にはまだルールが確立していません。だからこそ、子どもたちと一緒に考える機会が必要だと思うのです。

4 「このぬいぐるみ、かわいくない」
小学6年生のLINEでのトラブルから

私は今、ゼミ生などと一緒に、「小学生にスマホの使い方をどう教えるか」についての授業に取り組んでいます。次の事例は、実際に小学生自身から聞いたものです。

結衣さん（仮名、小6）のクラスでは、女子16人のうち、13人が毎晩LINEをしています。まだスマホを買ってもらっていない結衣さんは、話題についていけないので困っています。そこで、お母さんに頼み込んで、お母さんのスマホからLINEすることになりました。

そんなある日の出来事です。

同じクラスの由里子さん（仮名、小6）にかわいいぬいぐるみをプレゼントされた結衣さんは大喜びで、LINEに「すごくかわいい！」という気持ちを書き込もうとしました。そして、「このぬいぐる

み、かわいくない？？」というつもりで投稿したのですが、実際の画面は前ページのようなものです。
　このあと、結衣さんは友達から仲間外れにされます。

　わかるでしょうか？　スマホ初心者の結衣さんは「？」の付け方を知らなかったのです。
　書き込んだ実際の文は「このぬいぐるみ、かわいくない」でした。ぬいぐるみをプレゼントした由里子さんは、せっかくあげたぬいぐるみを「かわいくない」と言われ、腹が立ったのです。
　このあと結衣さんがいくらこのグループトークに投稿しても、誰も返事を書いてくれなくなります。あとでわかったのですが、由里子さんは結衣さん以外のメンバーで新しくLINEのグループをつくって、そこでやりとりをするようになりました。いわゆる「LINE外し」です。

　翌日、学校に行って、結衣さんが由里子さんをはじめ、友達に話しかけても誰も話してくれません。休み時間も教室でぽつんと一人。あとから考えると、クラスのリーダー的な由里子さんがみんなに「結衣さんと話さない」指令を出したのでしょう。

流行編　スマホ時代、どんな知識を得、どう対応するか

指導・かかわりで迷わない！ためのポイント

4 「このぬいぐるみ、かわいくない」

> 迷わない！ポイント ①

小4が主戦場

　今、私は、ケータイ・スマホ問題は「小4が主戦場」だと考えています。

　最近、私のもとに寄せられる相談が圧倒的に小4が多いのが、そう考え出したきっかけですが、理由として3つ考えています。

　1つ目は、多くの自治体で「学童保育」が小3で終わることです。小4になると家庭で一人きりになることが多く、心配した保護者が子どもに携帯電話を持たせるようになります。

　2つ目は、小4くらいから学習塾に行かせるようになることです。特に中学受験を考える場合、小4くらいから始めます。電車での通塾が多く、帰宅時、駅に車で迎える場合が多いので、その連絡手段としての携帯電話です。駅にもはや公衆電話がないことが拍車をかけています。

　3つ目は、野球やサッカー等のスポーツを小4くらいから始める場合が多いことです。これらのスポーツは天候に左右され、予定が急変します。雨などのために急に活動が中止になったり、練習が早めに切り上げられたりします。その際の連絡手段として、最近は携帯電話が不可欠です。昔は保護者への連絡だったのですが、最近は子どものLINEに直接連絡が入ること

もあり、必需品にすらなっています。

以上のような理由で、小4のスマホ所持が急激に増えています。しかし、今のところトラブルがあっても、塾やスポーツチーム等の人間関係ですので、学校には相談が行かないようです。そのため、小学校の先生の危機感は薄いのが現状です。しかし、所持率が5割を超えると、学校での人間関係でもスマホがらみのトラブルが多発してくるでしょう。

今は平穏な小学校の先生も、それなりの準備をしておく必要があります。

迷わない！ポイント②
LINEでのトラブルはささいな誤解から

結衣さんの事例はその典型ですが、LINEでの小さな誤解から大きなトラブルに発展するケースがあとを絶ちません。特にスマホ使用の低年齢化に伴い、スマホを使うスキルがないために、哀しいトラブルが続出しています。

関西の中学校での同じような事例を紹介しましょう。

あるとき、複数の学校の友達同士で映画に行こうという話で盛り上がりました。あとから参加した翔（仮名）は「俺も行く」。別の学校の和也（仮名）は「翔、なんでくるん？」。この文章を読んだ翔は怒ってしまい、「やっぱり行かない」。

どんな誤解があったか、わかるでしょうか。

和也は「翔、なんでくるん？」と交通手段を聞いています。電車か自転車か、それともバスなのか。しかし聞かれた翔は、「どうして来るのか？」と読み、「来るなよ」というニュアンス

を感じてしまったのです。

　このLINEの投稿をきっかけに、翔の学校と和也の学校の生徒で、学校間抗争が勃発してしまいました。それぞれ30人ぐらいが集まり、集団暴力事件の寸前までいきました。

　通報を受けた学校と警察が止めに入り、事なきを得ましたが、危ういところだったと言います。

迷わない！ポイント③
親スマホ問題（お母さんのスマホを借りて）

　今、親のスマホを使ったトラブルも続発しています。結衣さんのような事例も多いのですが、フィルタリングの問題とクレジットカードの問題が多発しています。

　まずフィルタリングの問題では、お母さんのスマホですから、当然、フィルタリングが設定させていません。そのため、違法・有害サイトにつながってしまってトラブルに巻き込まれる事例です。

　フィルタリングは、設定しておけば子どもをトラブルから守ってくれるものです。日本ではフィルタリングは無料ですので、世界的に高く評価されています。

　次にクレジットカードの問題です。最近のお母さんは、スマホで買い物をすることが増えています。Amazonや楽天のサイトで買い物すると自宅に届けてくれるのでとても便利で、利用者が急増しています。少し前までは、パソコンでの利用が多かったのですが、最近、スマホからの利用が急増しているそうです。

　つまり、お母さんのスマホにはクレジットカード情報が登録

されていることが多いので、それにまつわるトラブルが増えている、ということです。

『読売新聞』（2013年12月13日）には「4歳の男児が親のスマートフォンでゲームをして、2日間の利用料が約10万円になった」事例が紹介されていました。

親のスマホにはもちろん暗証番号等が設定されており、4歳児にはそういうシステムは理解できません。しかし、子どもは親の操作を横で見ていて、どのタイミングでどの場所でどう操作すればいいか覚えてしまいます。ちなみにこの4歳児は「購入」の読み方も意味も知らないままボタンを押していたと言います。

ネットゲーム相談2.5倍に
親のスマホ利用で高額請求

高額な利用料金を請求されるなど子供のオンラインゲーム利用をめぐるトラブルの相談が、今年度（11月15日現在）、1341件に上り、昨年度同期比で2・5倍になったと国民生活センターが12日、発表した。

相談の大半は、クレジットカードの情報が登録されている親のスマートフォンを使ったり、親のクレジットカードを無断で利用したりしているケース。「4歳の男児が親のスマートフォンでゲームをして、2日間の利用料が約10万円になった」「9歳の男児がゴミ箱に捨てた親のクレジットカードを拾い番号などを入力して遊び、12万円を請求された」などの相談が寄せられている。14歳の子が約200万円を利用してしまったという訴えもあった。

ゲームでトラブルを起こした子供の平均年齢は12・4歳で、低年齢化が進んでいるという。ゲームのアイテム購入などで請求された平均額は約23万円。約70％がクレジットカード決済を利用していた。

『読売新聞』2013年12月13日

迷わない！ポイント④

LINEでのトラブルはLINEで対処しない

　「メールでのトラブルはメールで対処しない」と同様、この「LINEでのトラブルはLINEで対処しない」というポイントは非常に重要です。

　LINEは連絡手段としては非常に便利ですが、トラブル対応には向いていません。表情が見えていないので、誤解が生じます。ですから、「トラブルが起こったら、すぐに直接会って話をすること」を子どもたちに伝えておくことが重要です。「直接会うのが難しい場合は、とりあえず電話する」。こういうことを子どもたちに伝えておくだけでもかなり効果があります。

迷わない！ポイント⑤

ネットでのトラブルはみんなで考える

　ネットでのトラブルは、対処方法が難しいものです。さらに、子どもたちもトラブル解決の経験値が低いので、トラブルが起こったときは、本人の許可を取って、みんなで対応方法を考えると教育効果が非常に上がります。

　子どもに相談に乗ってもらえる信頼関係をベースに、プロローグでもふれた、2つの「話し合い」、つまり「大人と子どもとの話し合い」と「大人が見守る状態での、子ども同士の話し合い」を進めていくのです。個人の失敗を通して、みんなで話し合い、みんなのこれからに活かしていけるような、温かい学級の雰囲気をつくっていきたいものです。

5 これって犯罪？

ネット上も法律で守られていることを教える

　最近、子どもたちに直接、ネット問題、特にスマホについての講演をすることが増えています。特に、京都府警察のネット安心アドバイザーのまとめ役として、高校での情報モラルについての授業づくりにかかわったり、兵庫県警察と一緒に神戸市の小学校でゼミ生たちとスマホ等の授業をしたりしています。

　どちらも警察の方と深くかかわっているので、子どもたちに犯罪について話すことが多いのですが、犯罪にからめての話が意外なほど効果的です。

　当初は、子どもたちにいきなり犯罪について話すと、ハードルを上げてしまって逆効果になると考えていましたが、実際は、子どもたちの食いつきは非常にいいです。子どもたちはどんどん真剣な表情になっていきます。「冷静に事実を伝える」ことが重要なのだとつくづく思います。

　実際に子どもたちに提示しているプリントを一部ご紹介します。次ページのようなプリントを配付し、まず個人でやってから、5～6人のグループに分かれて討議させます。

　討議後、答え合わせをすると、全問正解する子はまずいません。「ネットには何を書いても大丈夫」と思っていた子どもたちの顔が青くなります。そのあとに解答を配付して解説します。

これって犯罪？

　　　　　　　　　　　年　　組（　　　　　　　　　）

逮捕・書類送検の可能性があると思う数字に○をつけましょう。

① 「この学校を爆破する」とネットの掲示板に書き込む。
　　→大騒ぎになり、学校は一斉下校した。

② 「おまえを殺す」とLINEに書き込む。
　　→何度も嫌がらせを書いた。

③ 「○年○組の○○はカンニングした」とツイッターでつぶやく。
　　→実際の学校名、クラス、名前を書いた。

④ 「××、うざい」とLINEに書き込む。
　　→クラスのグループチャットで何度も書いた。

⑤ 人のホームページを勝手に書き換えた。
　　→LINEでID、パスワードを聞き出した。

　　　　　　　　　　　○をつけた数　　　　　　　　　個

これって犯罪？　解答

① 「この学校を爆破する」とネットの掲示板に書き込む。
　→大騒ぎになり、学校は一斉下校した。
　　威力業務妨害罪　懲役3年以下　罰金50万円以下

② 「おまえを殺す」とLINEに書き込む。
　→何度も嫌がらせを書いた。
　　脅迫罪　懲役2年以下　罰金30万円以下

③ 「○年○組の○○はカンニングした」とツイッターでつぶやく。
　→実際の学校名、クラス、名前を書いた。
　　名誉毀損罪　懲役3年以下　罰金50万円以下

④ 「××、うざい」とLINEに書き込む。
　→クラスのグループチャットで何度も書いた。
　　侮辱罪　拘留（30日未満）または科料（1万円未満）

⑤ 人のホームページを勝手に書き換えた。
　→LINEでID、パスワードを聞き出した。
　　不正アクセス禁止法違反　懲役3年以下
　　　　　　　　　　　　　　　罰金100万円以下

5個すべて！

指導・かかわりで
迷わない！ためのポイント
5 これって犯罪？

迷わない！ポイント1

冷静に事実を伝える

　「ネットには何を書いてもいい」と思っている子どもたちに解説すると、かなりショックを与えることになります。ですから、怖がらせたり、きつい言葉を使う必要はありません。繰り返しになりますが、冷静に事実を伝えればいいのです。

迷わない！ポイント2

相談するよう被害者に訴えると、より効果的

　「こんなことを書き込むと捕まるぞ」と脅すよりも、「こういう書き込みをされた場合は、いつでも言っておいで。警察と協力したら、罪に問うことも可能です」と被害者に訴えかけると効果的です。加害者予備軍への抑止力になります。

迷わない！ポイント3

ネットで逮捕されることが多い理由

　強調するのは、「ネットの書き込みは証拠が残ること」です。「自分や相手のケータイ・スマホ上で書き込みを消したとしても、携帯電話会社等には書き込みは残っている。警察へ被害

届が出た場合、証拠として見ることが可能だ」と伝えます。

「言葉は消えるけれど、ネットの書き込みは消えない。だから犯罪として明らかになる」と伝えると効果的です。

迷わない！ポイント④
「ネットでの匿名は不可能」と伝える

子どもたちは、「匿名での投稿」をおもしろがる傾向がありますが、これが諸悪の根源だと考えています。実際のところ、犯罪行為の場合、誰がいつ書き込んだか、わかります。

例えば、捜査令状が出ている容疑者が、携帯電話の電源を入れた途端に居場所がわかって逮捕されたという報道がよくあります。

「大人たちがその気になれば、匿名で書いたつもりでも、誰が書いたかわかります。匿名は不可能に近いと考えたほうがよい」と子どもたちに伝える必要があります。

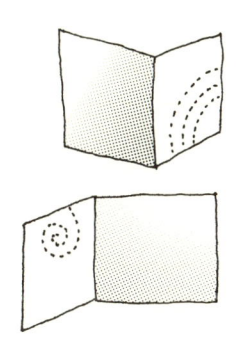

6 子どもたち自身に考えさせる
大人たちの声は届かない

　大阪のある市で、市内すべての中学校の生徒会執行部員が集まり、携帯電話について話し合う場面にかかわったことがあります。
　テーマは「夜、メールが終われない」でした。

　まず現状を出し合いました。
　「『おやすみ』と送ったら、『おやすみ』と返ってくる。それで終わると何となく相手に悪い気がして、『また明日』と返すと『うん、また明日』……。何となく終われなくて『明日、体育いややなぁ』と返すと、『あの先生、最近、機嫌悪いなぁ…』となかなか終われない」
　一同、大きくうなずきました。
　「相手の発言で終わらせたくないっていうか…」
　一同、また大きくうなずきました。

　細部は省略しますが、彼らは「○○市メール終わらせ言葉」を決めようと議論を始めました。
　「ＺＺＺＺＺ」「羊羊羊羊」「おかんが怒ってる」など、いろいろな候補が出ましたが、最終的に「返信不要」というシンプルな言葉に決まりました。
　それぞれが学校に持ち帰って、朝礼や生徒会新聞で十分に広報活

動をすることにして散会しました。

　1か月後の成果報告会で集まると、どの学校も「『返信不要』はまったく広まらなかった」と言います。しかし、彼らの表情は晴れ晴れしています。不思議に思って聞いてみると「広まらなかったけど、みんな困ってるんだなぁとわかったから、『メール終わろう』と言いやすくなった」と胸を張っていました。
　なるほど、と思いました。
　大切なことは、言葉を決めることではなく、みんなで思いを共有することだったのです。困っているということはなかなか面と向かって言えない。大人の役割は、そういうことを自由に発言できるきっかけと雰囲気をつくることなのだと改めて気づきました。

　この事例のように、市全体の生徒会執行部員を集めるのはなかなか難しいでしょうが、クラス内での話し合いでも十分効果が上がります。
　ただ、いきなり「スマホについて話し合いなさい」と言っても、子どもたちは言葉が出てきません。子どもたちが話し合いたいと思うような題材と話し合うためのきっかけづくり、雰囲気づくりが教師の役割だと思います。
　最近、成功したのは、以下に紹介するような記入式のアンケート票をもとに話し合ったケースです。この例では、最終的に「スマホ標語コンクール」をして、校内に「スマホ標語」を貼り出しました。

意見を書いてみましょう その1

年　　組（　　　　　　　　　　）

　次のグラフは、兵庫県の高校生1987名のアンケート結果（2013年7月）です。グラフを見て、自分の意見を書いてみましょう。

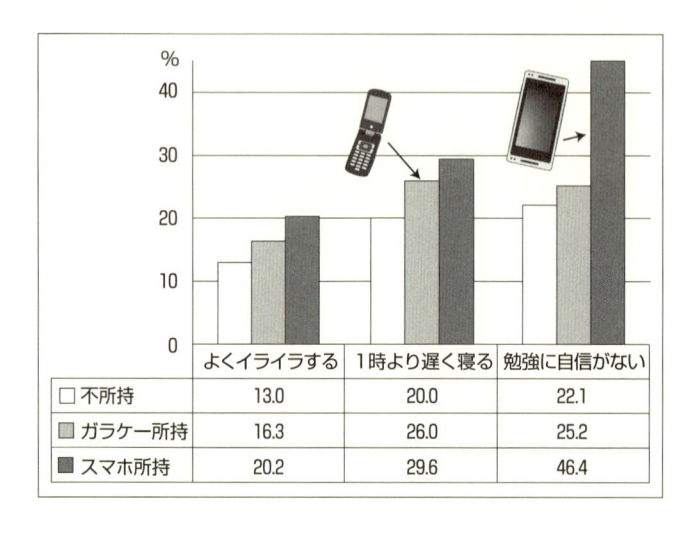

	よくイライラする	1時より遅く寝る	勉強に自信がない
□不所持	13.0	20.0	22.1
ガラケー所持	16.3	26.0	25.2
スマホ所持	20.2	29.6	46.4

1　どうして「スマホ所持者」は、イライラする人が多いのでしょう？

2　どうして「スマホ所持者」は遅く寝る人が多いのでしょう？

3　どうして「スマホ所持者」は勉強に自信がない人が多いのでしょう？

4　スマホを使う人たち向けの標語を考えてみましょう。

意見を書いてみましょう その2

年　　組（　　　　　　　　　）

　次の2つのグラフは、兵庫県の中高生1358人のアンケート結果（2013年12月）です。グラフを見て、自分の意見を書いてみましょう。

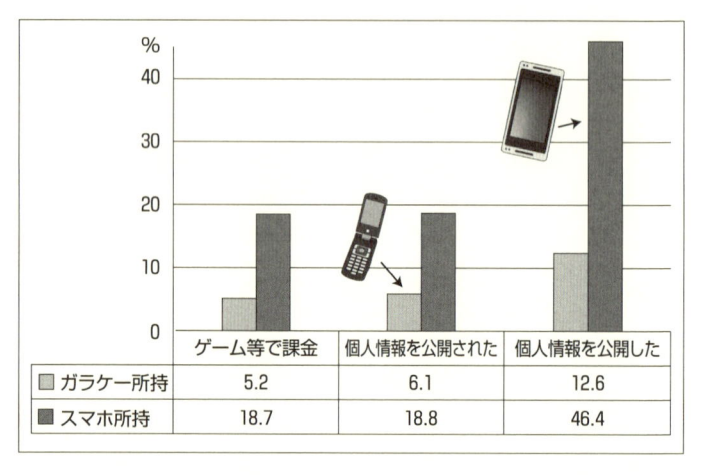

	ゲーム等で課金	個人情報を公開された	個人情報を公開した
ガラケー所持	5.2	6.1	12.6
スマホ所持	18.7	18.8	46.4

1　なぜ「スマホ所持者」は、「ゲーム等で課金」「個人情報を公開された」「個人情報を公開した」が多いのでしょうか？

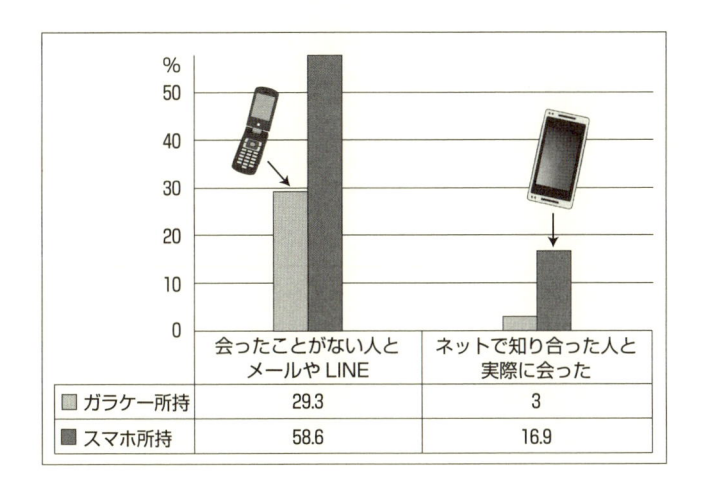

	会ったことがない人とメールやLINE	ネットで知り合った人と実際に会った
ガラケー所持	29.3	3
スマホ所持	58.6	16.9

2　なぜ「スマホ所持者」は、「会ったことがない人とメールやLINE」「ネットで知り合った人と実際に会った」が多いのでしょうか？

3　スマホを使う人たち向けの標語を考えてみましょう。

指導・かかわりで
迷わない！ためのポイント

6 子どもたち自身に考えさせる

迷わない！ポイント[1]
まず、グラフを使って一般的な問題として考えさせる

グラフは考えるきっかけです。このようなグラフがあると、携帯電話やスマホを持っていない人も考えることができます。

自分の問題ではなく、一般的な問題として考えることからスタートすると議論への道筋ができます。

その上で、「標語」を考えることで、徐々に自分の所属する集団の問題として考え、最後には自分の問題として考えていくことができます。可能なら5～6人で意見交換してから、クラス全体で話し合うといいと思います。

ここでは私の調査結果を掲載していますが、最もよいのは、自分たちの集団の調査結果です。各学校でアレンジして使ってください。

迷わない！ポイント[2]
教師は最初は意見を言わない

「教師は最初は意見を言わない」——これが最も重要で、最も難しいのですが、この種の問題を子どもたちに考えさせるときのポイントは、最初の段階で、教師が自分の意見を極力言わないようにすることです。

教師が意見を言ってしまうと、子どもたちはその方向で自分の意見を考えます。考えるというより、教師が気に入るように表面的には取り繕います。それでは意味がありません。子どもたちが自分たちの問題として、自分の問題として考えるためには、教師は何も言わないことが重要です。

> **迷わない！ポイント③**
> ## 最後に教師は意見を述べ、一緒に考える

　子どもたちが自分たちで精一杯考え、議論が深められた段階で、教師は自分の意見を開示する必要があります。

　子どもたちは経験が乏しく、子どもたちの常識は、大人の常識と大きく食い違っている場合も少なくありません。子どもたちがスマホからしか情報を得ていないような状況の場合はなおさらです。

　子どもたちの常識が大人の常識と大きく乖離してしまっている場合は、大人としての意見をしっかり伝える必要があります。場合によっては、子どもたちを説得するための資料を用意しなければならないでしょう。

　私はこの種の問題には、「新しい常識」をつくりあげていく必要を痛感しています。

　重要なことは、この種の問題においては、大人の意見が絶対で、子どもの意見が価値の低い（ダメなものである）のではないと認識しておくことです。子どもの意見は子どもの意見として最大限尊重しないと、本当の意味での対話は生まれてきません。子どもの意見に耳を傾ける相談的な対応が必要です。

不易編

スマホ時代でも変わらない、生徒指導・教育相談の極意

1 「毅然たる指導」の本当の意味は
「心の支援」が必要なことに気づくまで

　非常に荒れた学校にかかわったことがあります。

　４月の１か月間で、新入生の暴力行為は大小合わせると40件にのぼりました（生徒指導担当教員がメモ的に記録していたものの総計で、公式な数字ではありません）。当該教員が把握しているだけで40件ですから、実際はもっと多かったはずです。学校のあちこちでけんかやトラブルが起こっていて、不登校生も40人近くいました。

　連日の「生徒指導」で、学校を出るときにすでに日付が変わってしまっていることもよくありました。

　先生方は一生懸命指導しました。教員の見ている前で無抵抗の生徒に殴りかかる生徒もいました。当然、厳しく指導します。何度も同じことを繰り返す生徒もいるので、指導の厳しさはエスカレートしていきました。もちろん、体罰は許されませんので、大きな声を出したり、大勢の教員でまわりを取り囲んで口々にきつい言葉で指導したり、反省を促すために机を叩いて大きな音を出したり、警察と協力したり、思いつく限りのことをしました。

　その成果が上がり、暴力行為は激減していきました。４月に40件あった暴力行為が11月にはほぼなくなりました。

　しかし、学校の雰囲気はよくなりません。かえって悪くなったような印象です。

そこで現状認識のために、学校で起こるさまざまな問題や課題をできるだけ数値化してみました。公的なものではなく、軽微なトラブルもできるだけ数字に反映させ、指導に活かそうとしていたのです。下のグラフはその一部です。このグラフを見たとき、愕然としました。
　グレーの棒は、生徒の間で起こった暴力行為にまつわるトラブルの発生件数で、月を経るにしたがって数がどんどん減っているのがわかります。黒い棒は器物破損にまつわるトラブルの発生件数で、こちらは暴力行為と反比例するように増えていたのです。

生徒間暴力と器物破損の発生件数の推移

	4月	5月	6月	7月	9月	10月	11月
■生徒間暴力	40	21	9	6	2	3	1
■器物破損	2	11	18	22	29	22	34

不易編　スマホ時代でも変わらない、生徒指導・教育相談の極意

指導・かかわりで迷わない！ためのポイント

① 「毅然たる指導」の本当の意味は

迷わない！ポイント①
人を殴る代わりに、物を壊すようになった

　グラフの意味は一目瞭然です。生徒間の暴力件数は月を経るにしたがって減少していますが、それと反比例するように物を壊す行為の件数は増えています。誤解を恐れずに単純化して書くと、「生徒たちは人を殴る代わりに、物を壊すようになっていった」のです。

　もちろん当時の先生方は、一生懸命指導しました。暴力被害を受ける生徒のためにも、厳しく指導する。それは間違っていませんし、当然のことです。しかし、数字だけを見ていると、指導された生徒の表面的な行動は変わっていますが、彼らの内面、心の中はまったく変わっていない可能性があります。

　人を殴ると殴られた生徒が痛い思いをし、大きな騒ぎになるので、当然教師は指導します。しかし、物を壊しても、物は何も言いません。

迷わない！ポイント②
「毅然たる指導」の意味を考える

　先生方の指導はもちろん、無意味ではありません。生徒間の暴力が減ったわけですから、被害者が減ったという意味では大

きな成果です。しかし、ここでよく考えなければいけないのは、加害者への指導についてです。

生徒への指導の「合い言葉」として、「毅然たる態度での指導」という言葉がよく使われます。

『大辞林（第三版）』では、毅然とは「意志が強く、物事に動じないさま」とあります。しかし、私は若い頃、この言葉の意味を勘違いしていました。

当時の指導を振り返ると、「怒鳴る」「叱りつける」「大きな音を鳴らす」「脅す」など、加害者を「威嚇する」ことを中心にしていました。それが「毅然たる態度での指導」と思い込んでいた節があります。

迷わない！ポイント③ 「なぜそういう行為をしてしまうのか」を話し合う

今になって大切なのは加害者の「心の支援」だったとよくわかります。

先生方は、11月に至って初めて、「暴力行為を繰り返す生徒たちは、なぜそういう行為をしてしまうか」について話し合いました。さまざまな可能性が浮かび上がりました。

小学校時代に学級崩壊していた、携帯電話のトラブルが多い、教師によって態度を変えている、トラブルは掃除の時間が多い、家庭もいろいろ問題をかかえている……。

もちろん加害者も大切な子どもたちです。もともと悪い子どもなんていません。何かの歯車が狂ってしまっているのです。

加害者が加害行為をしなくてすむようにしてあげるのが教師の仕事です。しかし、加害行為を繰り返し、暴力的になってし

まっている生徒を見ているうちに、そういう感覚が薄れてしまっていたのかもしれません。「被害者のために加害行為を繰り返す生徒を成敗してやる」。そんな気持ちばかりが前面に出るようになっていました。

ここで必要だったのは、加害者がなぜ加害行為をしてしまうか、「温かい想像力」を持つことだったのです。

振り返ってみると、この時点から本当の「毅然たる指導」が始まったと思います。それまでの加害者への指導は、反省を促したり、暴力は犯罪になることを教えたりと、「加害行為がなぜいけないかを自覚させる」ことが中心でした。そういう指導ももちろん必要ですが、そういう指導に加えて、「なぜ暴力行為をしてしまったのか」「次にしないようにするにはどうしたらいいか」を一緒に考える指導を加えていきました。

「毅然たる指導」の本当の意味は、大きな声で怒鳴ることでも、厳しい態度をとることでもありません。大人として善悪の判断をきっちり伝え、その上で、子どもと一緒にどうしていくか、子どもの気持ちを受容しながら考え、子どもを正しい方向に導いていく——この部分は不易なのではないでしょうか。そして、子どもたちは間違いなく、そういう大人に敬意を表します。

迷わない！ポイント④

得意な生徒、苦手な生徒がいる
→みんなで指導

連日、話し合っていくと、いろいろなことがわかりました。

特に、生徒たちが先生によって態度を変えていることがわかってきました。普段は暴言を繰り返し、傍若無人なO君はP先

生（40代男性でO君の部活動の顧問）の前では借りてきた猫のようにおとなしい。逆に、血のつながらないお父さんから虐待を受けている可能性の高いQ子さんは、P先生に対してだけ反抗的な態度をとっている。それぞれ得意な生徒と苦手な生徒がいる。このことは非常に大きな意味を持ちました。

それまでは、生徒指導は担任が主導権を持ち、他の教員はあくまで補助的にかかわることが暗黙の了解でしたが、このとき初めて「苦手な生徒」がいることを教員同士で言える雰囲気になりました。

もちろん担任が主導権はある程度持ちますが、「苦手な生徒はそれぞれいるから、みんなで指導しよう」と言えるようになりました。一人の力では限界、とみんなが感じていました。それくらい学校が大変だったのです。

迷わない！ポイント⑤
問題行動は心の深い部分とつながっている

グラフを見ながら会議をしていたのですが、ある先生が「10月に器物破損がいったん減ったのはなんでやろ？」と不思議がりました。

「たまたまじゃない？」「あの時期、Rが病気で来てなかったからじゃない？」などいろいろな意見が出ましたが、決定的な意見は出ませんでした。

ある先生が「体育大会があったからじゃないかな？」と言いました。これには一同、大きくうなずきました。殺伐とした雰囲気の生徒たちでしたが、体育大会のときは各学級で学級対抗リレーの練習をしたりして、楽しい雰囲気で取り組んでいまし

た。

「ストレスが発散されていたんだ！」

ある先生が思わず口にした言葉ですが、納得しました。そういうことだったのです。

生徒たちの問題行動は心の深い部分とつながっているのです。当時のあらゆる指導、そして威嚇や恐怖よりも、学級対抗リレーの練習のほうが、器物破損の指導には効果が上がっていたということです。この瞬間、学校としての指導の方向性を考えるための、明るい光が見えた気がしたのを覚えています。

怖がらせて加害行為をやらせないようにするのではなく、加害行為をしなくていいくらい楽しい時間をつくる。これだったら自分たちでできるかもしれない。教員一同、団結できた瞬間でした。

実態調査（聞き取り・アンケート）を実施する　迷わない！ポイント⑥

先生方は指導に苦慮する中で、聞き取り調査（小学校の先生、保護者、地域の方、生徒）とアンケート調査（生活実態調査）の２種類を実施しました。

驚くべき実態がわかりました。特に小学校の先生への聞き取り調査は効果的でした。

当時、小中の引き継ぎを３月に実施し、小６生について小６担任から中学校教員が聞き取っていましたが、年度末のばたばたした時期であり、また中学校側に切迫感がなかったのでしょう、十分な話ができていなかったことがわかりました。生徒の課題がある程度わかってきた11月に小学校の先生と話してみる

と、小学校の先生がいかに子どもたちのことをよく知っているかがわかりました。生徒理解が深まり、暴れる生徒の気持ちが少し見えてきて、学校の改善方針が見えてきました。

　生活実態アンケートは、今考えると画期的な調査でした。起床時間や通塾の頻度、朝食摂取の有無など、さまざまな項目について調査しましたが、同時に子どもたちの携帯電話について調査しました。

　当時はまだ携帯電話は子どもたちへの普及はそんなに進んでいませんでした。当時の中学生の所持率の全国平均は５割に満たない状況でしたが、調査してみると、その学年の生徒の所持率は９割を超えていました。並行して行った保護者への聞き取り調査から、小学校時代からトラブルの多い子どもたちだったので、保護者が心配して携帯電話を持たせていたこともわかってきました。

　生徒への聞き取りからは、トラブルのほとんどが携帯電話がらみで起こっていることがわかりました。そこで、教員の間で携帯電話の対策チームをつくりました。かといって、すぐに理解できるものではありません。夜な夜な集まって、「学校裏サイト」なるものを調べました。わからないところは生徒に教えてもらいながら手探りで調べていきました。

　「モバゲー」「グリー」などのゲームサイトだけでなく、「ランキングサイト」（市単位でアクセス数を競う）、「リク写」（求めに応じて写メを送る）など、当時話題だったサイトを実際に見ることから始めました。

　これが私の携帯電話調査のスタートでしたが、「パケットし放題」という制度も知らずにいろいろなサイトにアクセスしたので、大量のデータ量だったのでしょう、その月の請求は６万

円を超えてしまいました。家族会議に発展するくらいの大問題でした。また、職場でこの話をすると、周囲の先生、特に女性の先生から冷たい視線を感じました。「仕事でやってる」と説明しましたが、いやらしいサイトをこっそり見ている中年男性に見られていたのだと思います。そんな時代でした。

迷わない！ポイント⑦
トラブルを類型化し、トラブルの原因を知る

　トラブルを類型化してみると、いろいろなことがわかりましたが、当時の先生方が注目したのは、ある小学校の出身生徒と、別の小学校の出身生徒とが対立する「小学校対抗トラブル」です。調べてみるとトラブルの半数近くがこのタイプでした。

　要するに「お山の大将争い」です。どちらの小学校出身生徒が中学校で強い権力を握るかの争いでした。負けた勢力が不登校になっていく様子も見えてきました。さらに、この抗争には２、３年生もからんでいて、指導が難しくなっていました。

　しかし、原因がわかると解決は早かったです。ともかく、小学校時代に２つの小学校が仲良くなっていればいいのです。小学校の先生と協力し、いわゆる「小小連携」に取り組みました。小学校５年生から、２つの小学校の児童たちを中学校に集め、ピア・サポート・プログラムに取り組むのです。これは今でも続いていますが、非常に効果が上がっています。小学校時代に仲良くなっているので、中学校に来て「お山の大将争い」をする必要がなくなったのです。

　この結果、その後、中１での暴力行為がほとんどなくなり、不登校の生徒数も激減しました。

② 「わかる。
　　わかるけど、あかん」
児童自立支援施設の寮長の言葉から

　中学校で生徒指導主事をしていたとき、生徒指導や教育相談の場面に、若い先生にできるだけ同席してもらうようにしていました。「待つ指導」「子どもを信じる教育相談」を一緒に体験してもらいたかったからです。私がそうであったように、子どもの変化を肌で感じてもらうことが、生徒指導、教育相談の魅力を伝える近道だと思っていました。

　実は、私は「待つ」「子どもを信じる」が苦手でした。というより、生徒指導・教育相談自体にまったく自信の持てない教員でした。そんな私ですが、さまざまな出会いや事件を通して、少しずつ苦手意識が薄まってきました。

　私が生徒指導・教育相談の魅力を教えてもらったエピソードを1つ紹介します。

　教師になって10年、私は教師を続けていく自信をなくしていました。

　ある程度授業ができるようになり、部活動でも少し勝てるようになりました。やる気のある生徒を伸ばすことには自信が持てるようになりましたが、まったくやる気のない生徒、例えば不登校の生徒や問題行動を繰り返す生徒の指導が苦手でした。クラスもなかなか落ち着きません。

自分に担任される生徒たちがかわいそうな気持ちになりました。「他のクラスなら、Ｓ子さんはきっと学校復帰できたろうに」「問題行動を繰り返すＴ君とはぶつかってばかり」「教師を辞めて別の仕事をしたほうが社会のためかもしれない」……。そんなことばかり考えていました。
　そこで、思い切って２年間学校を離れ、大学院に通うことにしました。
　「２年で教師を続けていく自信を持つことができたら、学校に帰ろう。自信が持てなかったら教師を辞めよう……」と思い詰めていました。大学院進学に際して、「カウンセラーになるには」「税理士になるには」の２冊の本を購入したことを覚えています。

　２年間、たくさんの本を読み、さまざまな研修会に参加し、授業は一番前で聞き、教授を質問攻めにしました。
　また、教師を続けるヒントを探して、思春期の子どものための施設を、日本中、訪ね歩きました。少年院、児童自立支援施設、不登校の子どもたちのための全寮制の学校、いわゆる非行少年と呼ばれる子どもたちを集めている私塾……。

　そんな私は、あるとき児童自立支援施設に住み込みで働かせていただいたことがあります。
　そこは、夫婦小舎制で、寮長、寮母と呼ばれる実際の夫婦が、１０人くらいの寮生たちと小さな寮で生活をともにするシステムでした。寮に生活している子どもの多くは、非行や不良行為を繰り返した子どもたちですが、少年院と違って塀がないので、逃げようと思えば簡単に逃げられます。

私が住み込ませていただいたのは女子寮でした。寮生たちは礼儀正しく元気いっぱいで、居心地のいい寮でした。
　40代の寮長は寡黙な方でしたが、不思議なくらい寮生に慕われていました。

　ある日、裕子さん（仮名）の姿が見あたりません。寮を無断で抜け出したのでした。学校、家庭に連絡を取り、手分けして探したところ、3日ほどして自宅近くのゲームセンターで補導されました。裕子さんの指導をするというので、指導に口出ししない約束で、同席させてもらいました。
　寮長は、連れ戻されてきた裕子さんの前にドンと座り、しばらくの沈黙のあと「なんで無外（無断外泊）したんや？　話しなさい」と言いました。
　裕子さんは一切話しません。反抗的な目でブスッとしています。無言の時間が続きます。
　私はどうしたらいいのか、そわそわしていました。普段は明るい裕子さんなので、私が話すきっかけをつくるべきかと考えていました。このままじゃ、時間の無駄だ、どうしよう……。
　沈黙が20分近く続いたでしょうか。寮長はもう一度「なんで、無外したんや？　話しなさい」。裕子さんはやっと話しました。「友達に会いたかった……」。
　寮長は「会いたかったんか。で？」。その後も長い沈黙が続きます。私は裕子さんがかわいそうで、助け船を出したくてしようがなかったのですが、寮長と「何があっても口出ししない」と約束をしていたので我慢しました。
　長い沈黙のあとに裕子さんは話しました。

「寮での生活が厳しくてつらい……」
寮長は「つらいか。で？」。
裕子さんは自分の思いをポツポツと話し出しました。タバコが吸いたくてしようがないこと、彼氏が浮気してないか心配なこと、カラオケで発散したいこと……。
寮長は「うん、うん」と相槌を打ちながら聞いています。しばらくすると、裕子さんの言葉が途切れます。寮長は何も話しません。裕子さんが、ちらっと寮長の顔を見たとき、寮長は、「で？」と次を促します。ふたたび裕子さんは話し出します。
友達と久しぶりに話してとてもうれしかったこと、タバコを勧められたけど断ったこと、寮長や寮母さんが怒っているかな、とときどき思ったこと……。
裕子さんは堰を切ったように話しました。
寮の人間関係がうまくいかないこと、みんな裏で悪口言い合ってること、自分はU子ともめていること、U子がわがままなこと、でも本当は自分もU子に意地悪ばかりしていること、悪いのは自分だから明日謝るしかない……。
寮の中の人間関係について２時間近く話し続け、長い裕子さんの話が終わり、ほっとしたような顔をしました。それでも寮長は「で？」。
裕子さんは「これで全部です」。
寮長は裕子さんの目をじっと見て、ゆっくりと厳しい声でこう言いました。
「わかる。わかるけど、あかん」
裕子さんは泣き崩れました。
「寮長、ごめんなさい……」

「裕子、おまえが無外したかった気持ちはよくわかった。わかるけど、あかん。俺は許さん。もう二度と無断外泊するな。わかったな」
「うん」
「今日はもう遅いから寝なさい」

　裕子さんは寮長をじっと見て「ありがとうございました、寮長」。深々と礼をしました。無断外泊から帰ったばかりだったので厚化粧のままでした。アイシャドーが涙で流れてグシャグシャの顔でしたが、とても晴れやかな顔でした。

　そんな裕子さんの顔を見て、私まで涙を流してしまいました。理由はわかりませんが、涙が流れました。

　裕子さんがドアを開けて出て行こうとすると、そこに寮母さんが立っておられて、「よく帰ってきたね」と抱きかかえました。裕子さんは声を上げて泣きました。

　そんな裕子さんの姿を見て、私は「もう一度、学校に戻ろう」と強く思いました。

　翌日から裕子さんは、何事もなかったかのように、元の元気で明るい裕子さんに戻っていました。残念ながら、裕子さんはその後も何度かトラブルを起こし、もう一度無断外泊もしたそうです。そのたびに少しずつ成長し、高校に進学して卒業。今では立派な美容師になっているそうです。

指導・かかわりで迷わない！ためのポイント
②「わかる。わかるけど、あかん」

迷わない！ポイント①

沈黙の時間を奪わない

　寮長の発した言葉は「なんで無外したんや？　話しなさい」と「で？」だけ。そして最後に、「わかる。わかるけど、あかん」。どうしてあんなにうまくいったのか？　裕子さんが部屋を出て行ったあと、私は寮長を質問攻めにしました。

　寮長の話をまとめると次のようです。

　頭ごなしに怒っても効果は上がらない。子どもの気持ちを聞き、しっかり受け止めること。子どもは、自分の気持ちを自分でもよくわかっていないが、人に話すことでだんだん自分でもわかってくる。黙っていても頭の中では一生懸命考えているもの。

　「これ言ったら怒られるかな？」

　「どう言い訳したらいいかな？」

　そんなふうに頭の中は高速回転している。大切な時間。それを奪ったら絶対にダメ。子どもは自分が悪いことをしたことは最初からわかっている。それでも、悪いことをするには、それなりの理由が必ずある。それを話させた上で叱る。それが大事。

　私は目から鱗。そんな気持ちでしたが、考えてみたら、寮長の言っていることは決して新しいことではありません。教育相談の基本的なことばかりです。

「共感的理解を大切にする」。教育相談関連の本で何度も読んだことです。「待つ重要性」「本音を語るまでじっくり待つ」。基本中の基本であり、実践しているつもりでしたが、自分がそれまでしてきたことが、いかに表面的で甘かったかを痛感しました。

　起こした問題の表面だけを見ているのではいけません。重要なことは、「なぜ問題を起こしてしまったのか、子どもが自分で考える時間を確保してあげる」ことです。

迷わない！ポイント②
「わかる」と受け止める

　裕子さんは「自分の言葉が自分勝手で、とうてい許してもらえない」と、実はわかっていました。しかし、寮長は、「で？」と聞いてくれる。「これで全部です」と言えるまで、聞いてくれる。

　十分に語り、聞いてもらった上で、「わかる」と受け止められたとき、裕子さんの表情が変わりました。「ああ、わかってくれた！」　そんな表情でした。

迷わない！ポイント③
「わかるけど、あかん」
——気持ちはわかるけど、やったことは許さない

　「あかん」と言われた裕子さんでしたが、「救われた」ような表情をしました。

　寮長の言葉の意味は「気持ちはわかるけど、やったことは許さない」ということです。自分の気持ちを十分理解してもらっ

た上で叱ってもらった。そうされることで、裕子さんは救われたと感じたようでした。

迷わない！ポイント④
わだかまりを吐き出してこそ、反省できる

　裕子さんは最初、反抗的な目でブスッとしていました。そんな状態で反省させようとしても無理なのです。

　裕子さんが黙っていた約20分、私は非常に苦痛でした。苦痛というより、無駄な時間だと感じていました。愚かにも、「黙っていても埒があかないから、裕子さんが反省の言葉を言いやすいように水を向けようか」……そんなことばかり考えていました。

　以前、若い先生がいじめの加害者（研二君、仮名）を指導する場面に立ち会ったことがあります。生徒思いのその先生は、子どものためにあえて厳しい言葉を選んで怒鳴りつけていましたが、生徒は横を向いていました。

　「いじめをするなんて、研二君は人間として最低だ」
　「一生かかって償っても取り返しがつかないことをした！」
　生徒は下を向いて反省しているようでしたが、指導が一段落ついた段階で、その先生を別室に連れ出して話しました。

　その先生は肩を震わせて怒りを露わにしていました。
　「研二君がいじめるなんて信じられない」
　「この機会にしっかり怒ってやめさせたい」
　生徒を思う気持ちが次から次へとあふれてきました。そこで、その先生に２つの提案をしました。

　「普段の研二君が大好きだと伝える」

「だからこそ、研二君がいじめをして残念だと伝える」
　担任の先生に、人としての自分を否定されてしまったら、研二君はこれから学校生活をやっていけません。
　とても勘のいい先生だったので、すぐに理解してくれました。部屋に帰って、すぐにこう言いました。
「私が大好きな研二君には、いじめなんてしてほしくない」
「研二君がいじめをしてしまい、残念です」
　その後、いろいろなやりとりがあり、長い時間がかかって、いじめには他に首謀者がいて、研二君は自分の立場を守るためもあっていじめてしまったことをすべて語ってくれました。
　驚いたことにその先生は、研二君に謝りました。
「研二君、先生、何も知らずに一方的に怒って悪かった」
「先生、謝らんといて。いじめた僕が絶対悪い」
　研二君はしっかり反省しました。心の中にある、すべてのわだかまりを吐き出して初めて、反省できるのだということを再確認しました。

迷わない！ポイント⑤

しっかり叱ってもらうのは、子どもの大切な権利

　残念ながら、子どもは失敗を繰り返します。ただ、しっかり叱ってもらった子どもは、愛情を感じて少しずつ成長していきます。
　私は「ほめて伸ばす」という言葉が一人歩きしているように感じています。ほめることはもちろん大事ですが、子どもにとって、しっかり叱ってもらうことは、非常に大きな権利だと思います。子どもは叱られることで愛情を感じる瞬間が、実は多

いのです。

　時に、何度も同じような失敗を繰り返す子どももいますが、そういう子は、それだけ愛情が必要な子だ、ということです。

迷わない！ポイント⑥

「奔放な失敗」を「意味ある失敗」に導く

　「叱ってもらえるチャンス」という意味でも、失敗はチャンスです。失敗することで、子どもは考える機会を持つことができ、考えることで成長することができます。

　逆に言うと、失敗しても、しっかり考えることができなければ意味がありません。子どもたちの「奔放な失敗」を「意味ある失敗」に導くのが、私たち教師の務めなのだと考えています。

迷わない！ポイント⑦

「残念」という言葉で教師の姿勢を伝える

　また、子どもの失敗は「教師の姿勢を示すチャンス」でもあります。「どういう気持ちでその子を見ているか」を伝えるチャンスです。

　私は先生方に「残念」という言葉を勧めています。

　「あなたがこんなことをして残念です」

　残念という言葉の裏側に、子どもは教師の愛情を感じます。

　「あなたはこんなことをして最低です」

　似た言葉ですが、受け取る子どもの印象はまったく異なります。

　失敗した子どもは、その子なりに反省して変わろうとしま

す。小さな子どもの場合は、素直に謝ることができることもありますが、思春期の子どもの場合は少し事情が違います。プライドが素直な反省の邪魔をすることがあります。裕子さんの場合もそうですが、実はそれはそれで、子ども自身もつらい思いをしているのです。そういった、子どもの気持ちを理解した上で、対応していきたいものです。

迷わない！ポイント⑧
もう一度、「わかる。わかるけど、あかん」

　ポイント③でも述べましたが、もう一度、強調させてください。

　私は寮長のかかわりと裕子さんの姿を見て、学校現場に戻りました。

　学校に戻ってみると、苦手だった不登校の生徒や問題行動を繰り返す生徒への指導が驚くほどできるようになっていました。以後、指導に迷ったり、困ったりすることはほとんどなくなりました。

　私が変わったのは、子どもの話をじっくり聞こうという姿勢だけです。「答えは子ども自身が知っている」。このことに気づいたからです。子どもが大きなトラブルを起こしたら、逆にチャンスだと思えるようになりました。

　子どもの思いをしっかり聞く。その上で、子どもの顔をしっかり見て、子どもの目をしっかり見つめて、いつもあの言葉を使っています。

　「わかる。わかるけど、あかん」

　私にとって、まさに「不易」の言葉です。

3 ワルにはワルの プライドがある
まず「おまえのことが大事」と伝える

　前節で紹介したとおり、私は32歳のとき、教員を2年間休んで大学院に通いながら、児童自立支援施設や少年院に泊まり込んだり、卒院生に話を聞いたりしていました。以下、21歳男性（達也さん、仮名）とのインタビューです。

　達也さんは当時ゲームセンター店員で、中学2年生のときに対教師暴力で少年院に入りました。インタビューをしていくと、彼は7年前のことを鮮明に覚えていました。焼却炉前でタバコを吸っていたら、指導が厳しくて有名な春山先生（仮名）が注意もせずに目の前を通り過ぎたというのです。

私　春山先生、見逃してくれたんだよね？
達也　わかってないなぁ。見つかりたくなかったら、焼却炉なんかで吸うはずない。で、その先生、通り過ぎて向こうのほうで、普通のやつに「名札ついてない！」ってすごい剣幕で怒り出した。「俺はええんか!?」と、もう腹立って、腹立って。
私　え？　腹が立った？　怒ってほしかったの？
達也　そりゃ、注意くらいしてもらいたい。
私　え？　見逃してくれてラッキー、じゃないの？
達也　俺はタバコ吸ってるのに、先生は名札忘れたやつだけ注意す

る。俺はどうでもいいのか、って話。

私　？？

達也　気がついたら、「やめたれやぁ」って、その先生に暴力振るってた。パトカーに乗って、なんやかんやで少年院。

私　注意してほしかったってこと？

達也　そりゃそうやろ。注意するのは心配だから。春山先生は、声もかけてくれなかった。俺のこと、大事と思ってない証拠。

私　でも以前、不良グループの生徒に「タバコ吸うな」って注意したら、まわりを囲まれて、正直、すごく怖かった。

達也　そりゃ、あんたみたいな、しょぼい教師に頭ごなしに怒鳴られたら「なんじゃ、おまえ」って言う。プライドあるしな。

私　プライド？

達也　そう、プライド。ワルにはワルの立場、プライドがある。

私　じゃ、タバコ吸ってる生徒を見つけたらどうしたらいいわけ？

達也　大きな声じゃなくて、近寄って、「からだに悪いからタバコやめとけよ」って言えばいい。「おまえのことが大事」ってそれだけ伝えたらいい。

私　そんなことできるわけない！　自分勝手だ！

達也　だから学校の教師はあかんのや。自分のこと、大事に思ってくれてるかどうか、それしか俺ら見ない。

　混乱しましたが、次の瞬間、32歳の私は正確に理解しました。そうか、「プライド」「おまえが大事」、そうかそうか。

指導・かかわりで迷わない！ためのポイント
③ ワルにはワルのプライドがある

> 迷わない！ポイント①

子どもは自分を見てほしい

　子どもは相手が自分に関心を持っているかどうかに非常に敏感です。達也さんは、自分の目の前を注意もせずに通り過ぎていく教師に対して、「俺はええんか!?」と腹が立ったと言います。「見つかりたくなかったら、焼却炉なんかで吸うはずない」。重い言葉です。

　子どもは教師の目をひこうといろんなことをします。以前の子どもたちは、変形学生服を着たり髪の毛を染めたりと、わかりやすく教師の関心をひきました。最近の子どもの出すサインは少し変わってきていますが、根本的な部分は変わっていません。「子どもは自分を見てほしい」という部分は不易です。

　子どもは自分を思って注意してくれる先生には、表面的な態度はどうあれ、敬意を払います。そして、子どもにとっていちばんつらいのは無関心なのです。

> 迷わない！ポイント②

子どものプライドを守る

　子どもには子どもなりのプライドがあります。問題行動を繰り返す子どもの多くが、「俺は勉強できへんし、足も速くないか

ら、派手にしとかな、誰も注目してくれない」と言います。

　最近は少し状況が変わりつつありますが、教師に反抗することが格好よく思われる風潮があります。このあたりの空気を子どもたちは敏感に察知します。つまり「他の子が自分の行動をどう見るか」、これが行動原理になる場合も多々あります。

　問題行動を繰り返す子どもも、人として輝きたいと感じています。勉強ができたら勉強で、スポーツができたらスポーツで目立ちたい。けれど、そこで目立てないから、しようがなく問題行動を繰り返す。そんな子どもをたくさん見てきました。

　問題行動は自分のプライドを守る方策なのです。それを指導によって木っ端みじんに打ち砕くことが正しいかどうか、少なくとも立ち止まって考える必要があるでしょう。もちろん、ガラスを割ったり、暴力を振るったりといった行動は許してはいけません。しかし、そういう行動に駆り立てられる原理をわかった上で対応することで、対応の質が深まると思うのです。

迷わない！ポイント③
「正しい目立ち方」を一緒に考える

　彼らのプライドを守った上で、彼らを正しい方向に導くにはどうしたらいいのでしょうか。それは、問題行動を起こさなくても目立てる方法を、一緒に考えることです。

　例えば、「生徒指導だより」に後輩へのメッセージコーナーをつくり、"優等生"だけでなく問題を起こしがちな子も実名で掲載します（どんなメッセージにするかを考えるところから、丁寧に取り組みます）。また、ピア・サポートを実施する中で、活躍の場を設けるのもいいでしょう。

4 なぜそうするか、子どもの立場で考える
立ち歩きを繰り返した誠君の言葉から

　私がまだ青年教師だった頃、いわゆる不良グループでリーダー的な立場にいた誠君（中３、仮名）を担任していました。
　そんな５月、「先生、誠が社会の先生と！」とクラスの生徒が職員室に駆け込んできました。教室に急行すると、誠君が今にも担当の先生に殴りかかろうとしていて、クラスの生徒たちが一生懸命止めているところでした。どうしていいのかわかりませんでしたが、背中から羽交い締めにして、廊下に無理やり引っ張り出しました。

誠　やめろや、離せや！
私　誰に向かって言ってるんだ！
誠　おまえ、何様じゃ!?　えらいんか！
私　俺は、最高にえらい。俺にえらそうなことを言うな！
誠　は〜、笑わすな！　教師のどこがえらいんや？
私　おまえを愛してるから、俺はえらい。
　（誠君の力がすっと抜けました。私はたたみかけました。）
私　おまえを愛してるから俺はえらい。たった一人の担任やぞ！

　自分でも何をしゃべっているのか、訳がわかりませんでした。でも、誠君は「わかった、離せ」と静かに言い、ゆっくり自分の席に戻り、社会の先生に向かって「授業、始めろや」と言いました。私

は、固唾を飲んでまわりに集まっていた生徒たちに宣言しました。
「誠君はもう大丈夫です。残り20分授業がある。みんなしっかり勉強しなさい」
　その場に居合わせた年輩の先生は、「誠君を別室で指導してから授業を受けさせるべきだ」と助言してくださいましたが、私は「担任は僕です。彼を信じて職員室に帰りましょう」。誠君が大丈夫なことを私は100％確信していました。
　今思うと「なんと傲慢なことを……」と顔から火が出そうです。適切な行動ではなかったかもしれません。別室指導後、保護者を呼び、教科担当の先生に謝罪させるのが筋でしょう。若気の至りと反省していますが、あのとき、「誠は絶対に大丈夫だ」と確信していたのを、はっきりと覚えています。
　誠君は最後までちゃんと授業を受けました。休み時間にクラスの女子たちが職員室に走ってきて、「先生、普段と違ってかっこよかったぁ」と絶賛してくれましたが、なんであんな言葉がすらすら出てきたのか、自分でも不思議です。
　それ以来、私は「愛してるから、俺はえらい」というフレーズをずっと使っています。考えてみたら、担任は、クラスの子を愛しているから、やっていけるのです。もっと言えば、愛することができるように、日々、努力しなければならないと思っています。

　放課後、誠君と話をしました。誠君は長い沈黙のあと、言いました。
「先生、俺、高校行ける？」
　テストはたいてい0点。授業中は寝てるか、漫画読むか、廊下をウロウロするか……。高校進学を考えていること自体、驚きでした。

「高校行きたいのに、なんで今まで勉強しなかったの？」
「勉強したら、あほ、ばれる……」
　私は衝撃を受けました。彼は、勉強せずに廊下を徘徊したり、授業中漫画を読んだりすることで、テストでいい点を取れない言い訳をつくっていたのです。
　そのあと誠君は意外なほどすらすらと、自分のことを話しました。
「小学校２年のときに引っ越ししてきた」
「それまでは優等生だったのに、そのときの担任とうまくいかなくて、それ以来勉強しなくなった」
「だから、九九の途中までしかできない」
　誠君は、そんなことを一気に話しました。
　私は「九九もできないって知らなかった、ごめん」と謝りました。中３の担任なのに、彼が九九ができないことさえ知らなかったことを謝り、さっそく翌日から数学の時間は九九、英語の時間はアルファベットの勉強をする約束をしました。
　誠君がどんな気持ちで授業中を過ごしていたかを思うと、彼のことが愛しくてしようがなくなりました。なんと言っていいかわからなかった私は、思わず「ごめんな、誠」と謝りました。
「ええよ、先生……」
　彼は、私の目をしっかり見て言いました。

　その後、誠君は九九やローマ字からしっかり勉強し、高校に合格。無遅刻・無欠席、クラブで近畿大会に出場など、充実した高校生活を送り、卒業。今では立派な社会人として働いています。

指導・かかわりで迷わない！ためのポイント

4 なぜそうするか、子どもの立場で考える

迷わない！ポイント①

「困った子ども」は「困っている子ども」

　子どもたちは、時として信じられないような突飛な行動をとります。しかし、そのすべてには子どもたちなりの必然性があります。その真意をいかに見抜き、素直な行動に方向を転換させてやるか。それこそが教師の役目でしょう。

　誠君は、表面的には授業も聞かずに立ち歩き、時には教室を出て行くという「困った子ども」でした。しかし、本当は「勉強がわからない」「勉強してもどうせ自分には無理だ」と、心の中はとても悲しい「困っている子ども」でした。

　教師の目線からの「困った子ども」は、子ども自身の目線から見れば「困っている子ども」、これは「不易」でしょう。

　誠君の「授業中立ち歩く」という行動は、単に授業を妨害するためのものではなく、「自分は授業がわからない」「誰かそんな自分を何とかして！」という心の声の現れだったのではないでしょうか。

迷わない！ポイント②

あらゆる行動には意味がある

　誠君の本当の願いは「勉強がわかるようになりたい」でした。

特に受験の話題で持ちきりになった中3の教室で、ずっと「勉強なんてどうでもいい不良少年」を演じていた誠君にとっては、今さら先生に「勉強教えて」とは言えません。

そんな状況の中間テスト直前の授業中、いつものように誠君が立ち歩いていたので、社会の先生は「おい、誠、他の生徒はテスト前で真剣なんだ。ぶらぶらして邪魔するんだったら、教室出て日なたぼっこでもしてこい！」と軽く叱ったそうです。

社会の先生にしたら、いつもの軽口で、誠君なら「そうやな」と教室を出て行くと思ったそうです。しかし、そのときの誠君は急に「なんやと、もう一度言ってみぃ！」と烈火のごとく怒り出したそうです。社会の先生の胸ぐらをつかんで、今にも殴ろうとしていたのをクラスの生徒みんなで止めたのです。

のちに誠君はそのときの心境を述懐しています。

「俺はええんか、と思ってね。俺も勉強したいやん」

迷わない！ポイント③
クラス全体で一人の「願い」に寄り添う

彼の願いを聞いてしまった私は、さっそく放課後に九九を教え始めましたが、時間が足りません。

そこで、誠君の許可を得て、クラス全員にどうしたらいいか、聞いてみました。すると貴子さん（仮名）が「私が教えるから、席替えで誠君をいつも私の隣にして」と言ってくれました。

その日の放課後の誠君との一対一の会話です。

「おい、誠。おまえも立場があるだろうから、俺にはたまに逆らうふりしてもいいけど、貴子さんに逆らったら許さんぞ」

「わかってるわ。逆らったら男ちゃうやろ」

それ以来、授業中、彼が少しでも騒いだりすると、貴子さんににらまれていました。「はい、貴子さん」とうれしそうに背筋を伸ばす誠君は、もうすさんだ目をすることはありませんでした。

迷わない！ポイント④

勇気ある行動は「伝説」にする

　誠君は、それから勉強をがんばり、見事高校に合格しました。彼の勉強は、後輩たちの「伝説」になりました。彼が取り組んだ九九やローマ字の学習プリントは、その後、「誠プリント」として代々引き継がれました。

　不良グループや非行少年たちには、「愚行の伝説」がよくあります。しかし、それ以上の「善行の伝説」をつくると、子どもたちはそっちになびくものです。

5 「あこがれの先輩」を育てる
小中連携ピア・サポート

　いじめ、暴力行為が頻発し、不登校生を多数かかえる「荒れた中学校」が子どもの力で再生した事例を紹介しましょう。

　先生方は、子どもと真正面から向き合って指導。警察との連携など、やれる努力は惜しみませんでした。しかしやればやるほど、子どもの心がすさんでいく……。そんな「もぐら叩き」的な指導に限界を感じた私たちは、「小中連携ピア・サポート」に取り組みました。

　「中学生が小学生を遠足に」「中学生が小学校で禁煙教育」など、さまざまなことに小中の先生方で協力して取り組んだのです。成果は確実に現れました。中学校では暴力行為が激減し、不登校の生徒が40人近くいたのがゼロになるなど、目に見えて成果がでました。

　中学生が小学生を支援することで、自分たちの学校に誇りを感じるようになったのです。もちろん、小学生にとってもメリットがあったのですが、支えられた小学生以上に、支えた中学生が立派になっていきました。ここでは「紙上相談活動」について紹介します。

　小学生の悩みや不安に中学生が紙上で答える取り組みです。活動名を決めることをはじめ、できるだけ中学生に任せました。その結果、活動名は有名なアニメ映画の題名をもじって「○○中の宅急便『安心しぃや、小学生！』」になりました。生徒会執行部員が児童集

会で、「悩みや不安なことがあったら、中学生に相談してください」と小学生に伝え、小学校の職員室前に相談箱「宅急便ポスト」が常設されました。

① 小学生が悩みを投函
② 先生が回収し、小中の先生で内容を確認
③ 中学生が編集会議をし、相談への回答を作成
④ 回答について小中の先生で内容を確認
⑤ 校区小１〜中３全体配布の「生徒指導だより」に掲載

　学校としては、心ない誹謗中傷が子どもの目に触れないよう、細心の注意を払いました。重篤な内容は教員が対応しました。

　ある日、「そうだんがあります。好きな人にあそぼって言えないんです。どうしたらいいですか？」という相談が届きました。たどたどしい字で一生懸命書かれた小２女子からの相談を見て、ある中学生が「この質問には紙の上だけでなく、どうしても自分の声で答えたい」と主張しました。さっそく、小中教員で相談し、小学校の児童集会を開き、中学生が口頭で回答する機会を持ちました。

　「私もそうでした。でも気にせずに話しかけたらいいですよ」
　「僕は遊ぼうと女の子に言われて、いやな気持ちにはなりません」
　冬の体育館での児童集会でしたが、会場全体が温かい雰囲気になりました。小学校の先生も児童たちも、中学生を信じた瞬間です。以後、多くの質問が寄せられました。

　「生徒指導だより」は校区の小１〜中３すべてに配布するだけでなく、回覧板で校区の全家庭で回覧されました。回答は、本人と保護者の許可を取り、すべて実名で掲載しました。ここでは仮名にしていますが、いくつか紹介しましょう。

「クラブのおかげで友達が」　　　　　　　１年　加川幸司

　「クラブの先輩は怖い」とか思ってたけど、やさしく教えてくれたりして、とてもよかったです。たまに夜の６時過ぎに終わることがあって「いやだなぁ」とか思ったりしたけど、クラブのおかげで友達ができたりして、大変なときもあるけど、楽しいです。

「中学校って、いいと思うよ」　　　　　　２年　山本　香

　不安がたくさんあるみたいだけど、私もそうでした。中学校に入るときだって、入りたくなかった。「他の学校の人に、いじめられるかも」とかばかり思っていました。けど、いざ入学してみると先輩はやさしいし、いじめられることもなくって、夢でも見てるようでした。友達をつくるのなら、身近な人で自分と気が合いそうな人に声をかけてみたらいいよ。そしたらすぐに仲良くなると思います。

「学校を長く休んだから……」　　　　　　３年　井上栄子

　２年のときに理由があって、私は学校に来てませんでした。２年の後半になって、学校に来るようになりました。休んだ分、授業についていけず、この間も実力テストでしたが、まったくわからずに点数も悪かったです。後輩には「今がんばって、３年になってから楽に勉強してはどうですか」と言いたいです。

「テスト勉強はきっちり！」　　　　　　　２年　伊藤純一

　中学生になれば、勉強も大変になってくるけれど、テスト勉強はきっちりやるべきだと思う。でも普段、まじめに授業を聞いていれば、そんなにあせらなくても大丈夫だよ。僕の場合、時間はすっごくかかるけど、「書いて覚える」ってことにしてるんだ。見て覚えるのもいいけれど、僕は手で覚えるほうがやりやすい。テスト勉強の方法は個人それぞれだけど、自分なりに一生懸命やれば大丈夫だよ。

指導・かかわりで迷わない！ためのポイント
⑤「あこがれの先輩」を育てる

迷わない！ポイント①

後輩にアドバイスする誇りと、先輩へのあこがれ

　　後輩にアドバイスすることで、中学生は自分たちに誇りを持ちます。読んだ小学生は中学生にあこがれを抱きます。中学校には、タバコをくわえた中学生だけでなく、一生懸命がんばっている先輩もいることがわかります。

　　また、小学校の先生の指導も、「そんなことしたら中学校の先生に厳しく叱られるよ！」から、「そんなことしてたら、かっこいい中学生になれないよ」に変化。これこそ生徒指導です。

迷わない！ポイント②

「子どもたちの最小限の努力で、最大限の効果がでる」ようバックアップ

　　このような活動は、子どもたちだけではできません。中学生がアドバイスを書くことに集中できるよう支えていきます。「子どもたちの最小限の努力で、最大限の効果がでる」よう、教師が万全にバックアップしていくことがポイントです。

　　また、「生徒指導だより」は校区全体に配布（回覧板で全戸回覧）しました。小１で中学生に遠足に連れて行ってもらった子どもたちが、今、中学生です。「今度は自分たちの番だ」と思っています。地域全体でいい循環をつくりだしています。

6 「リスカしたら、お母さん驚く」
リストカットを繰り返した中3女子の言葉から

　リストカットを繰り返す玲奈さん（仮名、中3）は、一方で、家出を繰り返していました。キャバクラでアルバイトをしているとか、いろいろな噂がある子でしたが、話すととても素直でした。ある日、彼女とじっくり話す機会がありました。
　中学3年生の秋、玲奈さんなりに将来を含めて考える時期だったのでしょう。自分の思いを正直に話してくれました。

　お母さん、とてもやさしかったんだ。
　私が小2までは独占できて幸せだったけど、新しいお父さんが家に来て、小2で弟が生まれたら、弟ばっかりかわいがるから悲しくて……。
　すねて無口になったり、泣いてみせたりしたけど、お母さんには効き目がなくて、弟ばかりかわいがる。弟はかわいいけど、お母さんを取られるのはいやだった。

　ある日、耳が聞こえないふりしたら、家中大騒ぎになった。
　最初は近くの病院に連れて行ってくれたんだけど、そこでもぜんぜん聞こえないふりしたら、その先生、大きな病院を紹介してくれた。行き帰り、お母さんを独占できて幸せだった。
　でもね、精密検査しても何も悪くなくて、結局、夜、寝ぼけてる

ときに話しかけられて、普通に反応しちゃってばれちゃった。怒られて怒られて。お母さんには怒鳴られるし、お父さんには叩かれるし、最悪。

　それからは何しても知らんぷりされるようになった。タバコ吸ってわざと見えるように窓から捨てても反応ないし、夜遅く帰ったりしても、「はよ帰ってきいや」くらいのもの。友達のお母さんみたいに怒ってくれない。
　１回目に家出したときはさすがに心配して探し回ってくれたけど、友達の家に隠れてたとばれたら、２回目からは探してもくれなくなった。
　いちばん悲しかったのは、ど派手な化粧して、キャバ嬢みたいにしたのに、「あんた、似合わんで」と笑われたこと。

　学校休んでぶらぶらしてても怒ってくれないお母さんだったけど、リスカしたときは、「あんたどうしたん？」ってすごく心配してくれた。「これや！」って思った。
　イライラしたらやってしまうことにして、ときどきリスカして、お母さんにわざとちょっとだけ見せて、あわてて隠す。それがいちばん効き目がある。

指導・かかわりで迷わない！ためのポイント

6 「リスカしたら、お母さん驚く」

迷わない！ポイント 1

子どもは親の興味を独占したい

　子どもは親の興味を独占したいものです。特に問題行動を繰り返す子どもたちには、その傾向が強くあります。このことも不易と言えることでしょう。

　玲奈さんは、学校でとても目立つ生徒でした。タバコは吸う、暴言を吐く、暴力を振るう、家出を繰り返す……。

　ある日、養護教諭から「玲奈さんリストカットしてるみたい」と聞いたときにはちょっと驚きました。リストカットする生徒たちと、ちょっとタイプが違ったからです。玲奈さんのリストカットは、親の興味を独占するためのものだったのでしょう。

迷わない！ポイント 2

子どもは親の反応をずっと見ている

　玲奈さんはいろいろなことをして、親がどんな反応をするかをうかがっています。特に「どのような行動をすれば、お母さんが心配してくれるか」を見ています。

　この事例では、玲奈さんは何度かお母さんの関心を勝ち取ります。小さいときの「耳が聞こえない」という狂言と、大きくなってからのリストカット。

タバコを吸ってみたり、夜遅く帰ってみたり、家出したり、ど派手な化粧をしてみたり、玲奈さんはチャレンジを繰り返します。しかし、期待していたような反応はお母さんからは返ってきません。

　最終的に玲奈さんがたどり着いたのがリストカットだったというわけです。リストカットをすると、お母さんは自分のほうを見てくれることを発見した玲奈さんは、リストカットを繰り返しました。しかも、「ちょっとだけ見せて、あわてて隠す」のが効果的だとまで見抜いています。

　リストカットに限りません。勉強でいい結果を出したときに、お母さんがいちばんいい反応をしてくれると思う子は、勉強をがんばります。それがスポーツだった場合はスポーツです。

　親が子どもの何を喜び、何をほめるかは、とても重要なのです。このあたりのことは、保護者会や保護者面談等で折にふれて伝えていきたい事柄ですし、保護者と一緒に指導に取り組むときのポイントとなってきます。

迷わない！ポイント③
時には保護者と「対決」も辞さない

　お母さんと話してみると、玲奈さんから聞くのとはかなり違った思いを玲奈さんに持っていることがわかりました。以下、母親の言葉です。

　「家では玲奈は弟の世話をよくしてくれていて助かっています。料理もけっこううまいんです。私はフルタイムで働いているので、玲奈の手伝いは本当に助かるんです。だから、少々派手なお化粧をしたり、ときどき家出しても大目に見ています。

ただ、リストカットだけはやめてほしい。いくらイライラするからと言って、自分の体を傷つけることはしないでほしい」

「玲奈は『イライラしたらついやってしまう』と言うので、イライラさせないように、できるだけ叱らないように自由にさせることにしています。お父さんにもそう頼んでいます。ときどきやんちゃするのは、いいストレス発散になっているかなぁと思っています」

お母さんは家計を支えるためにフルタイムで働いていて、玲奈さんの協力は不可欠だと感じています。

お母さんが喜んでくれるので、玲奈さんは普段は、かいがいしく働きます。しかし時に、もっと自分のことを見てほしくなり、さまざまな問題行動に走ってしまっていたのです。

ここで大きなすれ違いが起きています。お母さんは、問題行動を玲奈さんのストレス発散の手段だと勘違いし、責めない選択をしています。叱りたい気持ちを抑えて、玲奈さんの好きにさせようとしていたのです。あまりに哀しいすれ違いです。

私は、私なりにお母さんと対決しました。対決といっても、激しい言葉の応酬ではありません。お母さんの心に玲奈さんの哀しさ、つらさをできるだけストレートに伝えることが、私にとっての対決でした。

「玲奈さんは本当は叱ってほしがっていること」「自分を見てほしいから問題行動を繰り返していること」、この２つのことを時間をかけてお母さんに伝えました。

その際に配慮したのは、お母さんはお母さんの方法で玲奈さんを愛していることを十分に踏まえながら話すことです。そのことを前面に出しながら、小さい子どもをかかえ、フルタイムで働くために玲奈さんを必要としている、そこに大きな課題が

あることに気づいていただくことに腐心しました。

子どもの行動に一つ一つ反応してあげるよう依頼
迷わない！ポイント４

　お母さんと話す中で、お母さんは、玲奈さんに高校に進学してほしいという希望を持っていることがわかってきます。玲奈さんの高校進学用にずっと貯金もしているそうです。

　実は、玲奈さんも同じで、高校進学に強い希望を持っていたのですが、家計の苦しさを知っている玲奈さんは言い出せず、「高校には行きたくない」と言い張っていました。

　私はここに合意点を見つけました。お母さんから玲奈さんに「高校行きたかったら、ぜひ行ってほしい。そのためにお金は貯めてあるので心配しないで」と伝えてもらうことにしました。

　その上で、「玲奈さんが自分の将来について努力することを大げさにほめてください。逆に将来にとってマイナスなこと、例えば家出やタバコ、派手な化粧をしたときは、大げさにお母さんが悲しい気持ちになっていることを伝えてください」とお願いしました。

　いろいろ紆余曲折がありましたが、最終的に玲奈さんは自分の将来のために少しずつ勉強に向かうようになりました。

　玲奈さんの行動に一つ一つ反応してあげるお願いは、何度も何度もしました。そして、ほめるための材料をどんどん提供していきました。

　「お母さん、玲奈さんが社会の授業で初めてノート取りました」

　お母さんは最初、「ノートくらい誰でも取るでしょう。そんな

ことほめたら図に乗りますよ」と言いました。しかし、「玲奈さんにとっては、すごいことです。『感激した』とほめてあげてください」とお願いしました。

　私の熱意が伝わったのか、「わかりました。玲奈はいちごショートが好きなので、それを買って帰ります」。いちごショート効果は抜群でした。玲奈はその後、何があっても社会の授業にだけは出席し、ノートを取り続けました。

まじめに努力するエクスキューズ（言い訳）を提供する　迷わない！ポイント⑤

　私はここが勝負どころだと思い、それからしばらくは、社会のノートを取った日は必ずお母さんに報告しました。そして、お母さんに、いちごショートをお願いしました。

　玲奈さんは「いちごショートのためにがんばるねん」と公言するようになりました。「高校行くため」とは言えなくても、「いちごショートのため」とは言いやすいのです。つまり、彼女は「いちごショート」をまじめに勉強するためのエクスキューズ（言い訳）にしたのです。

　結果的に、いちごショート大作戦は3～4回で必要なくなり、言い訳なしにノートを取るようになっていきました。

　お母さんの変化に伴い、玲奈さんもみるみる変わりました。リストカットする必要がなくなったのです。リストカットするよりも、ノートを取ったほうがいい反応をお母さんから得られるのなら、ノートを取るようになります。そういうことだったのです。

7 授業の力が生徒指導のベースになる
一人TTの試行錯誤

　私はもともとは国語の教員です。大学を出てから10年間、国語教員としてがんばり、それなりの授業ができるようになっていました。

　2年間、教員生活を休み、大学院で教育心理学等を学んだあと学校現場に復帰したとき、国語教員が余ってしまっていました。私は英語の免許も持っていたので、英語教員として教員生活を再開しました。

　国語教員時代は、「はじめに」でもふれたとおり、最初はかなり苦労しました。それでも大学院に進学する前あたりになると、不登校傾向のある生徒も、やんちゃな生徒も、授業に熱心に参加するようになっていました。また、生徒指導もそれなりにできるようになっていました。

　しかし、新しい学校で英語教員になったとたん、状況が一変しました。生徒が私の指導にまったく従わないのです。

　他の要因もあったのかもしれませんが、私が痛感したのは、授業で生徒たちの敬意を勝ち取ることができていないことの不利さでした。英語教師としての力量がないので、生徒たちが私を教師として尊敬しない、ということです。

　私は「授業の力が生徒指導のベースになる」ことを思い知りました。以下、私の試行錯誤を紹介します。

そのときの授業は、自分でやっていてもまったくおもしろみのない授業でした。反省した私は、当時CMがよく流れていた英会話の「駅前留学」に通ったりしましたが、なかなか改善しません。
　さすがに新任の頃のように騒がれたり、立ち歩かれたりはしませんが、生徒の目が完全に死んでいます。教科に関するいろいろな本を読んだり、教材を探しましたが、めざす授業はできません。
　それでも週1回、AETの英語ネイティブ、ジョージ（仮名）が授業に来る日があり、そのときだけ授業が盛り上がります。私はその日に全精力を傾けました。それまで私を完全に軽蔑していた成績優秀な生徒たちも、英国人と流暢に会話する私を見て少し見直したようでした。実は、1週間かけてジョージとのやりとりを練習し、駅前留学先で発音を含めて徹底的に個別教授してもらっていたのです。
　自信を少し取り戻した私は、ジョージに頼み込み、ジョージが来ない他の日のために、2人のやりとりをビデオに撮ることにしました。毎時間、最初に私とジョージの英語でのやりとりをビデオで流すことを考えたのです。ジョージに時間がないので、ワンテークで撮り直しなし。テロップは画用紙にマジックで書いたものを手に持って映すことで代用しました。
　これが受けて、毎時間、生徒の顔が上がり、生徒たちは楽しみにし始めました。問題をかかえた生徒たちが、授業の最初のビデオは観るために走って教室に戻ってくる姿を見て、国語教師時代についた自信が戻ってくるように感じました。
　しかし、生徒が生き生きするのは最初のビデオ視聴のときだけで、他の時間はまったくダメでした。悩んだ私は、私の授業について何でもいいから書いてほしいと、無記名アンケートを実施しまし

た。
「ビデオは楽しい」
「始まりの音楽がうきうきする」
「授業はプリントばっかでおもしろくない」
「前の○○先生のほうがよかった」

予想どおりおもしろいのはビデオだけ。他はまったくおもしろくないというものばかり。うーん、と考え込んでいたら、ある生徒のコメントに「ビデオで全部、授業したら？」とありました。

これを読んで、雷に打たれたような衝撃を受けました。そうか！他もビデオにすればいいんだ！

そこからは簡単でした。授業での文法説明など、他の部分も事前にビデオに撮って流すことにしました。できるだけハイテンションで、「ハーイ、エブリバディ！」からすべて始めるようにしました。

必要な場面では、リモコンの停止ボタンを押し、説明を加える。また、質問がある生徒や騒がしくする生徒は寄っていって説明する。つまり、テレビ画面での私と実物の私、2人で授業することにしたのです。私はこっそり、「一人チームティーチング」、略して「一人TT」と呼んでいましたが、これが大成功しました。

時間がないので、ビデオは編集なしの一発撮り。音楽はその場でカセットデッキのボタンを押して流し、テロップは画用紙に手書きしたものを映すだけ。徹底的に省エネで臨みました。

また、10分おきくらいに、CMと称して、いろんな先生に登場してもらったり、雑学と称して、ネタ話を軽く挟む。これをきっかけに授業が少しずつ楽しくなっていきました。

これだけの努力をして初めて、人並みの授業ができるようになり、生徒たちの信頼を得ることができるようになりました。

指導・かかわりで迷わない！ためのポイント

7 授業の力が生徒指導のベースになる

迷わない！ポイント①

授業の力が生徒指導の前提

　授業の力が生徒指導の前提です。私は身をもって体験しました。

　新しい学校では、私の生徒指導場面での指導力はがた落ちでした。授業で生徒の信頼を勝ち取ることができなかったからです。同じ人が指導するのですから、当然と言えば当然です。

迷わない！ポイント②

自分の強みと弱みを把握する

　どんな教師も万全ではありません。強みもあれば弱みもあります。

　私の場合は、国語ではある程度、授業の力があったのですが、英語ではありませんでした。ただ、AETのジョージと一緒ならば、多少なりとも指導力が上がる。つまり、当時の唯一の強みは、ジョージと組むことだったのです。

　そこで私は、ジョージとのコンビを毎回使えるようにするためにビデオを使うことを思いつきました。そして、ビデオ教材自体が私の強みとなり、その強みをさらに活かすために、毎時間使用するというスタイルに発展していきました。

迷わない！ポイント3

他の先生に協力していただく

　私一人でやっていれば、生徒は飽きてきます。テレビ画面に他の先生が映るだけで、当時は事件でした。

　他の先生に出演していただくとき、その先生が生徒の印象に残るような「おいしい」場面設定ができるかどうかが鍵でした。

　「○○先生に効果的な英語の勉強法を聞いてみましょう」と順番にアドバイスをしてもらいました。生徒の評判がよかったので、体育の先生に「Let's try arm-wrestling！」と勝負を挑みましたが、悪のりだとお叱りを受け、反省しました。

迷わない！ポイント4

編集なし、一発撮りの意味

　編集なしにこだわったのは、手抜きをしたいからではありません。教師の仕事は、授業だけでなく担任業務、校務分掌、部活動など多岐にわたり、それらを責任を持ってやり遂げるには、特定のことに時間をかけすぎるのはよくないと思います。

　例えば私は学級通信を日刊で発行していましたが、作成時間は長くても20分と決めていました。生徒指導主事になってからも「生徒指導だより」を発行していましたが（最高で年150号）、これも制作時間が20分を超えないようにと決めていました。逆に言えば、それでできることしかやらない。これは手抜きではなく、長続きするための秘訣です。教師が無理なく楽しくやることが、ひいては子どもたちのためになると思っています。

8 選手コース？
　それとも温泉コース？
生徒が自分で決める部活動

　部活動の指導は、子どもたちとの直接的なかかわりになりますし、そこから生徒指導のヒントを多々得ることもできます。

　教員時代、私は卓球部の顧問をしていました。高校から大学にかけて体育会卓球部に所属し、それ相応の実績を持って顧問になったので、すぐに勝てるつもりでした。

　指導方法は、いわゆる熱血指導で、練習方法はすべて私が決め、朝練は強制参加。「気に入らなかったらやめてしまえ！」が口癖でした。「とにかく近畿大会に連れて行くんだ」と考えていました。

　ある夏、順調に勝ち上がり、あと１回勝てば念願の近畿大会出場です。決定戦はもつれにもつれ、最後の一人勝負になりました。

　実力的には私のチームの選手のほうが強いはずなのに、後半になるにしたがって萎縮しだしたのです。「何やってるんだ。自分を信じて攻めろ！」いつもどおり怒鳴りつけました。

　あと１点で近畿大会という場面で、彼はあろうことか、サーブをするときに立ち止まって私の顔を見ました。「先生、どうしたらいいですか？」という顔つきです。自分を信じなければならない最終盤で、どんどん積極的になった相手校の選手に対して、顧問の私に救いを求めた私のチームの選手。大逆転負けでした。

　私は方針を大転換しました。さまざまな紆余曲折の末（ここでは

省略)、選手たちと話し合ったり、尊敬する先輩たちに相談に乗ってもらって、以下のように変えました。

①**クラブを「選手コース」と「温泉コース」の2つに分ける**
　「選手コース」は、学校の名前を背負って試合に出るためのコース。平日の部活動の参加は必須。「温泉コース」は趣味的に卓球をするコース。平日に1回1時間参加すればよい。

②**土日と朝練は、自由参加**
　土日と早朝練習は完全に自由参加。希望者が申し出れば顧問は練習場の解錠をするが、申し出がなければ顧問は来ない。

③**練習試合は選手が交渉**
　練習試合をやるかどうかから選手が決める。相手は選手が話し合って決定。

④**チームとしての目標を最優先**
　3年生は全国大会につながる最後の試合で負けた日に引退。後輩はその日に目標を決める。顧問はその目標に応じて練習内容の提案をする。

⑤**筋トレはしない**
　やりたい場合は、自分たちで時間と内容を考える。

⑥**練習方法は自分で考える**
　練習方法は自分で決めるが、相談には乗る。

⑦**レギュラーは部内リーグ戦で決める**
　部内リーグ戦を月に2回行い、上位6名がレギュラー。

　つまり、「私のチーム」から「選手のチーム」に変えたのです。彼らはすぐに大阪府大会で優勝し、全国大会に出ました。勝負の場面で、自分で闘ったからです。

指導・かかわりで迷わない！ためのポイント

8 選手コース？ それとも温泉コース？

迷わない！ポイント①

選手コースと温泉コースに分ける

　温泉コースは「温泉卓球」から取りました。「温泉で卓球を楽しむ」ようなコースです。

　2つのコースの入れ替わりも自由です。ある年の女子チームは、人数が少なかったこともあり、全員温泉コースでした。しかし、2年の秋頃、強い選手が転校してきたことをきっかけに、俄然やる気になり、全員が選手コースに変わりました。そこから彼女たちはどんどんがんばり、最後の大阪府大会では、あと一歩で近畿大会（大阪府3位）にまでなりました。

　顧問は温泉コースを優遇しました。温泉コースの選手が練習に来たときは、優先的に卓球台を使えるように配慮しました。試合に出ても出なくても大切な部員です。「たまにしか来ないのだから、優先的に卓球台を使って当然」と部員には話していました。

迷わない！ポイント②

自分で考える力をつける

　強くなりたい、勝ちたい選手には筋トレは必須です。しかし、顧問に言われてやっても効果は薄いのです。勝ちたいと思った

選手が自分で気づくように心がけました。

　基本的にこちらからアドバイスはしないようにしていました。アドバイスするときは、生徒が本気でアドバイスを求めているときにだけすると決めていました。

　本気でアドバイスを求めてくるのは、たいてい試合で負けた瞬間でした。そんなときは具体的な場面をあげて、克服するためのヒントを伝えます。ぎりぎりまで伝えて、最後の具体的な部分は自分で気づくように仕向けました。

　例えば、負けた理由が「球の威力がないから」という場合、そのことを伝えると、選手は「威力をつけるにはどうするか」を考えます。それでわかる選手は、翌日の課題練習でそういう練習をします。自力ではわからない場合は質問していいことになっているので、聞いてきます。そうしたら「克服方法は、威力をつけるためのフォーム矯正と筋トレの2つがある」と示します。さらに、フォームの矯正方法を聞かれたら、そのことを解説します。

　先取りして教えるのが指導力ではなく、生徒が自分で考えるように仕向け、アドバイスを求められれば示すのが指導力だと思います。

迷わない！ポイント③
目標を立てる日は、先輩が負けた日

　「先輩が負けた日」に目標を決めさせていたのには、大きな意味があります。

　全国優勝するチーム以外は、どこかで負けて終わります。ですから、当然、その学年の最後の試合は負けて終わります。後

輩が最後に目にする試合は、負けて泣いている先輩たちです。

その姿を見た直後に目標を決めるので、「先輩の果たせなかった夢を叶える」が目標になり、目標はどんどん高くなっていきます。私はチームを強くしたかったので、ここを目標設定場面に指定しました。

私は常に、「君たちが決めた目標だから」と言い続けました。「目標を達成させてやりたいから、厳しいことを時には言う」と伝えていました。保護者にも「子どもたちが高い目標を立てたので大変です」と常に伝えていました。私はハードな部活動運営をしても、保護者とトラブルになったことが皆無だったのは、このあたりのことと関連していると思っています。

迷わない！ポイント④

「伝説の先輩」をつくる

ポイント②とも関連しますが、極力、指導しないようにしていました。本当は指導したくてしようがないのですが、指導しないことで指導力が高まりました。「先生が何か言うときは、よっぽどのときだ」という雰囲気になっていました。

また、自分が指導するときは、必ず勝算があるときに限定しました。説得力があり、指導したことで成果が現れることに限定して指導したのです。そのために、卓球の専門書やビデオを買いあさり、有名な指導者の教えを請いました。

指導力を高めるために、何人か「伝説の先輩」をつくりました。そのうちの一人を紹介しましょう。

林君は入部したばかりのときは、腕立て伏せが１回もできませんでした。新入部員は78段階ある「新入生コース」を順番に

到達していき、78段階がすべて終わった部員から、先輩の練習に組み込まれていくシステムでした。

その１つ目の課題は、ラケットでピンポン球を連続して５回つくことでした。普通はみんな１回でクリアし、２つ目の課題、10回つくことにチャレンジするのですが、林君はがんばっても５回ができません。彼の近くでずっと見ていて、アドバイスを求めてきたらアドバイスしてあげるつもりでいました。結局、彼は２時間かけても５回つくことができませんでした。

帰り際に彼は私のところに来て、「先生、僕って卓球に向いてないんでしょうか」と半泣きの顔で質問してきました。

「大丈夫、必ずできるようになります。早い人と遅い人があって、君はたまたま上達するのが遅いだけだよ」

彼の目が輝き、「先生、ラケットとピンポン球、貸してください」と言って持って帰りました。

……彼は最終的に、個人戦で大阪府大会３位になりました。「第１課題ができなかった林先輩が大阪府大会で３位になった」という「伝説」がつくられたのです。

彼は一人だけラケットとピンポン球を家に持ち帰り、家でずっとやって、次の日には第５課題の100回ができていました。「林先輩」は、最初につまずく選手にとって、希望の星です。

私は運動能力の高くない林君に、特殊な戦型になることを勧めました。彼が質問してきたことには、できるようになるまでつきあいました。種明かしをすると、彼が３位になったのは中学３年生の冬の大阪府大会「中３の部」です。中３は受験勉強のため参加人数があまり多くありません。彼の自信を強めるために参加を勧めたのですが、結果的にクラブに「伝説の先輩」ができたのは収穫でした。

9 「コーヒー飲んで、ほっとした」
息子が万引きした中学生の保護者の声から

　少し前、卒業生の成人式のお祝いに招待されました。いろいろな再会があり、懐かしさでいっぱいになりましたが、そこである保護者と立ち話をしました。いろいろな意味で感性の鋭い息子さん（拓哉君、仮名）だったので、お母さんとお会いする機会もたびたびありました。

　私はすっかり忘れていたのですが、お母さんは、拓哉君が万引きをしたある冬の日のことを鮮明に覚えておられ、次のように話してくれました。

　「拓哉君がCDを万引きして、今、指導中です」
　4時頃、職場に担任の先生から電話がありました。息子が万引きしたと聞いたので、支店長に事情を話して早退させてもらったんですが、学校に行くのは、本当に足取りが重かったです。
　「どんな子育てしてきたのか！」
　「親の責任、果たしてないので親失格だ！」
　そんな言葉にも動揺しないようにと、いろいろ考えていました。
　「誰かに無理やりやらされたんじゃないか？」
　「他の子をかばっているんじゃないか？」
　「学校での窃盗指導は？　共犯は？」
　「拓哉はもう中3だし、騒ぐと進路に響くんじゃないか」

「内申書に書かれるかも……」
「やっぱり親としての至らなさを謝罪しなきゃ」
頭の中は高速回転していました。

　学校に到着したら、息子は別室で反省文を書いているので、生徒相談室で担任の先生と生徒指導の竹内先生と先に話すことになったんです。部屋に入ったとたん、先生たち2人が、立ち上がって入り口まで来てくださって、
「お仕事中、わざわざ拓哉君のためにありがとうございます」
「お母さんが仕事を抜けてきてくださって、拓哉君、幸せです」
と言ってくれました。その第一声で本当に安心したんですが、そのあと「道中、寒かったでしょう」とコーヒーをいれてくれたの覚えてますか？　きっと、インスタントの安物のコーヒーだったのでしょうが、あんなにコーヒーがうれしかったのは、あれが最初で最後かもしれません。
　それで、用意していた言葉を一生懸命話しました。
「私の指導不足を反省しています。親失格です。担任の先生はじめ、他の先生たちにも拓哉のような悪い子に育てたことを謝罪したいです」
　そのときの竹内先生の言葉が忘れられません。
「何言ってるんですか。拓哉君、とてもいい子ですよ。いい子だって悪いことをすることがあります。確かに万引きは悪いことです。二度と同じ失敗をしないようにしっかり叱りましょう」
　親としてほっとしました。

指導・かかわりで迷わない！ためのポイント

9 「コーヒー飲んで、ほっとした」

迷わない！ポイント①
「万引き指導」ではなく、「万引きで指導」

　お母さんと話していてはっきりと思い出しました。

　拓哉君は感性の鋭い子で、通り一遍の指導を私がしたら、にやっと笑い、「竹内先生、ごまかした」と見抜いてしまう子でした。子どもっぽい遊びをしていても、どこか冷めていて、私だけでなく級友たちも彼に一目置いていました。

　そんな彼が万引きしたと聞いて驚きました。最初は、お母さんと同じように、何か別の要因（第三者に強要されたとか、誰かをかばっているとか）を考えました。しかし、状況がわかってくるにつれて、彼自身が自分の意思で欲しかったCDを万引きしたことがわかってきました。

　彼には普通の指導では通用しないことはわかっていました。しっかりと彼の心の奥底に響く指導をしないといけない。「万引き指導」ではなく、「万引きで指導」です。

　そのために、お母さんの協力が不可欠だと思いました。お母さんと一緒に、彼が心の底から反省するにはどうするのがいちばんいいのか、じっくり考えたいと思って、お母さんを生徒相談室に迎え入れたのでした。

迷わない！ポイント②

保護者面談を「作戦会議」と位置づける

　お母さんと会う時間を、拓哉君を本当の意味で反省させるための作戦会議と位置づけました。
　失敗は誰でもする。大事なことは万引きがダメだと拓哉君に心の底から感じさせてあげること。拓哉君にとってどうすることがいちばん効き目があるか……そのようなことをお母さんと話し合いました。そのときは、教師としてのこれまでの経験から４つの提案をし、どれがいいか選んでもらいました。
① 学年の先生、全員から叱ってもらう
② 警察から説教してもらう
③ 拓哉君の前で、教師がお母さんに厳しく言う
④ 万引きした店の方に頭を下げる場面を拓哉君に見せる
　最初は「先生が決めてください」と話し合いに乗ってこなかったお母さんも、こちらが「作戦会議」に本気だと伝わると、拓哉君の性格を考えていろいろ意見を言ってくれました。
　たくさんの先生に叱られたら、拓哉君はショックで萎縮してしまうかもしれない。警察からの説教は悩むところだが、できれば今回は避けてやりたい。拓哉君がいちばん好きなのはお父さんなので、お父さんが頭を下げるのがいちばんショックだと思う……。１時間くらい相談して、方針が決まりました。
① お父さんとお母さんが最初に教員に謝罪
② 先生も指導が行き届かなかったこと、残念さを表明
③ 家族全員でCDショップに謝りに行きたいとお父さんが提案
④ 担任等も同行することを提案

不易編　スマホ時代でも変わらない、生徒指導・教育相談の極意

⑤ CDショップで父、母、担任、本人の順に謝罪

　お父さんとお母さんの謝罪は学校からの要望ではなく、お母さんが子どものために設定したいとおっしゃったので実現しました。

迷わない！ポイント③
先回りして状況を整えておく

　こういう指導のときは、教員側が必ず先回りして状況を整えます。今回は、CDショップに行って、責任者に会って保護者側の意向を伝えます。その上で、CDショップ側がどう考えているかをお聞きし、必要があればこちらの要望を伝えます。

　この事例の場合、CDショップは現物を買い取ってもらえるなら警察沙汰にはしたくない意向だったので、「こうやって保護者の方、学校の先生が一緒に来てくださっているので、今回は警察には通報しません。二度とこんなことをしないように」と本人の目を見て話していただくことをお願いしました。

　CDショップで、父、母、担任のあとに謝罪の場面を設定された拓哉君は、普段とは打って変わった真剣な表情で謝罪しました。涙ながらに謝る拓哉君の姿を見て、CDショップの方も打ち合わせどおりの言葉を、心を込めて話してくださいました。

迷わない！ポイント④
指導の終結の言葉は担任が

　次の日、担任が次のように伝え、指導を終結します。
　「いいお父さん、お母さんを持って、拓哉君は幸せ者だな。親

孝行しろよ」

　この言葉には2つの意味があります。大人みんなで拓哉君の今後を見守っている宣言であり、拓哉君の更生を確信している宣言でもあります。

　この言葉、生徒指導主事になったばかりの頃は、私自身が言っていました。しかし、私が言ってしまうと、生徒は「竹内先生、ありがとう」となってしまい、担任との関係が好転しません。ですから、必ず担任の先生に言ってもらうようにしました。

迷わない！ポイント⑤　一杯のコーヒーが持つ強烈なメッセージ

　保護者と重要な案件で話し合うとき、私は教室にポットを持って行ってインスタントコーヒーをいれ、飲んでもらうようにしていました。たった一杯のコーヒーですが、保護者に「私はあなたを大切な相談相手と思っています」という強烈なメッセージとして伝わります。

　コーヒーである必然性はありません。あるときは駄菓子、あるときはケーキのこともありました。今回は冬の寒い中、来校してくださったお母さんをねぎらうにはコーヒーが最適でした。

迷わない！ポイント⑥　伝言の依頼には細心の注意を

　ところで、担任は重大なミスを犯しています。

　職場に電話し、お母さんが仕事中で電話に出ることができなかったため、電話に出た人に「○○さんのお子さんが万引きを

したので、すぐに学校に来てほしい」と伝えました。

　個人情報の観点から許されないミスです。さすがに最近はこういうミスをする先生はいないと思いますが、第三者に伝えた内容で、保護者が会社や地域で立場が危うくなるということはあり得ることです。それがきっかけに保護者に恨まれることもあります。伝言の依頼には細心の注意が必要です。

迷わない！ポイント ７
若い先生に同席してもらう

　拓哉君の担任は20代前半の若い教員で、実は拓哉君とあまりうまくいっていませんでした。また、お母さんともぎくしゃくしていました。

　そこで、お母さんとの指導に生徒指導主事の立場で同席しました。本来、コーヒーをいれるのは担任の仕事ですし、「わざわざありがとうございます」などのねぎらいの言葉は、担任が話すべきです。しかし、それができなかったのは、担任と保護者がうまくいっていなかったからです。とはいえ、いちばん重要な言葉ですので、担任の先生を前面に出すべきでした。

　私は保護者との面談だけでなく、難しい生徒指導場面や家庭訪問には、できるだけ若い先生に同席してもらいました。えらそうですが、指導場面に同席することで、20年近く教員をしている者のスキルや配慮を肌で感じてほしいと願ったからです。

　同席したあと、なぜあの場面であのような発言をしたかを話します。ある程度の年齢になったら、若い先生を育てることにも貢献したいものです。必然性のある言葉を、必然性のあるタイミングで話そうとしますので、自分自身の力量を高めること

にもつながります。

> 迷わない！ポイント⑧

教員はサービス業

「わざわざお子さんのためにありがとうございます」

「今回の事件をきっかけに、お子さんが成長できるように協力しましょう」

　当たり前の言葉ですが、なかなか出てきません。ですから、普段からの練習が必要です。百貨店の新人研修で、新入社員がお辞儀から学ぶのと同じように、私たち教員は、保護者と対応するときの言葉かけの基本から学ぶ必要があるのではないでしょうか。

　誤解を恐れず書くと、私は教員はサービス業だと思ってやっていました。教員のすべての面がサービス業という枠組みでくくれるかどうかは別として、サービス業というイメージを持つことは大切なことだと思います。

　例えば拓哉君のお母さんは、万引きをした子どものお母さんで、ある見方をすれば加害者、そして学校は迷惑を被った被害者との位置づけもできないでもありません。

「お子さんのせいで、学校はいい迷惑だ」

　こう言ってしまえば、気分は楽かもしれません。しかし、これでは子どもは何も変わりません。いいえ、変わらないどころか悪くなるでしょう。お母さんの学校への不信感も高まるかもしれません。やはりサービス業の精神を持って、お母さんと教員が力を合わせて拓哉君がよくなる方向を考えることが必要だったのです。

おわりに

「LINEをしたら魂を抜かれる!?」

　LINEが流行し始めた頃の話です。私は各地の学校の生徒指導担当者等の研修会で講師を務めることがあるのですが、そのような場で「まずは先生方自身がLINEをやってみてはどうでしょうか」と呼びかけました。しかし、どこでも強い拒絶にあいました。聞いてみると、「LINEに登録すると個人情報がダダ漏れするので危険」という情報が流れていることがわかりました。冒頭の言葉は、そんな先生方から聞いた「都市伝説」です。「明治時代の初期に写真を怖がった日本人のようだ」と、最初は笑い飛ばしていましたが、笑いごとではありませんでした。

　「LINEとかいうのが流行しているが、なにやら危険だそうだ。登録したら大変なことになるらしい」。日本中の多くの先生がそういう認識をし、朝礼等で「LINEは危険だから、絶対に登録しないように」と話していることもわかってきました。

　子どもたちが「先生は何も知らない」「先生の言うことは信用できない」と感じたのも容易に想像がつきます。こんな状況では、LINEやスマホでトラブルに遭遇したとき、先生に相談するわけがありません。確かにLINEには要注意な部分もありますが、登録が即危険なわけではありません。先生方に正確な情報や知識を伝える必要がある。それが本書執筆のきっかけでした。

　今、困っている子の多くは、スマホのまわりにいます。ですから、私はスマホと子どもたちの関係について調べ、考え、その話をする

ことが多いのです。しかし、私は決してスマホの専門家ではありません。スマホの前は、困っている子はガラケーのまわりにいました。その前は、ポケベル。さらにその前は、コンビニの駐車場に「うんこ座り」していました……。そんな困っている子が、今はスマホのまわりにいる。そういうことだと思っています。

　出会い系で被害にあった女子生徒は、出会い系で出会った男性を「やさしかった」「相談に乗ってくれた」と話し、恋愛感情さえ持っています。しかし、さらに話を聞くと、「本当は危険なことくらいわかっている」「『からだ目当て』なのも知ってる」と話します。

　「話を聞いてほしいのは先生や友達、お母さん。でも誰も聞いてくれないから、出会い系で聞いてもらう」。重い言葉です……。

　彼女たちは命がけで出会い系に逃げています。私たちに求められているのは、LINEの知識やスマホの情報ではありません。彼らのそんな寂しい心を受け止めてあげることです。

　私は「スマホの問題は心の問題」だと考えています。私たちがしっかり見つめなければいけないのは、当然のことながら彼らの心です。スマホがからんでトラブルが頻発するからといって、スマホだけを見ても何も見えてきません。重要なのは、スマホを使う、子どもたちの心なのです。

　このような思いでこの本を書きました。ついつい熱く語ってしまう場面もありましたが、先生方の向こうにいる子どもたちの幸せを願って、あえて冷静な記述にしていません。

　スマホ時代、難しい時代です。しかしだからこそ、私たち教師に求められていることは大きいと感じています。一緒に考えていきましょう。

　　2014年5月　　　　　　　　　　　　　　　　竹内　和雄

〈著者紹介〉

竹内 和雄（たけうち かずお）
兵庫県立大学環境人間学部准教授（教職担当）

　公立中学校で20年間、生徒指導主事等を担当（途中小学校兼務）。市教委指導主事を経て、2012年より現職。
　生徒指導を専門とし、いじめ、不登校、ネット問題、生徒会活動等を研究し、「教師塾センセーション」を主宰している。文部科学省、総務省等で、子どもとネット問題等の委員を歴任。

【主な著書】
『わたしたちのLINEハンドブック』学事出版、2015年
『スマホチルドレン対応マニュアル』（中公新書ラクレ）中央公論新社、2014年
『家庭や学級で語り合う スマホ時代のリスクとスキル』北大路書房、2014年
『DVD付き ピア・サポートによるトラブル・けんか解決法！』（共著）ほんの森出版、2011年　ほか

スマホやネットが苦手でも指導で迷わない！
スマホ時代に対応する生徒指導・教育相談

2014年7月7日　初　版　発行
2015年5月1日　第2版　発行

著　者　竹内和雄
発行人　小林敏史
発行所　ほんの森出版株式会社
〒145-0062　東京都大田区北千束3-16-11
TEL 03-5754-3346　FAX 03-5918-8146
http://www.honnomori.co.jp

印刷・製本所　研友社印刷株式会社

Ⓒ Kazuo Takeuchi　2014　Printed in Japan　ISBN978-4-938874-93-3　C3037
落丁・乱丁はお取り替えします。